천장 天葬

티베트의 죽음 의례

일러두기

이 책은 다음과 같이 표기한다.

1. 외래어는 외래어표기법에 따랐으나 인명, 지명 등의 독음은 원어 발음을 존중해 그에 따르고, 관용적인 표기와 동떨어진 경우 절충하여 실용적인 표기로 하였다.

2. 단행본 · 전집 등은 겹낫표(『 』), 논문 · 단편 등은 홑낫표(「 」), 그 외 TV 프로그램, 예술 작품 등의 제목은 홑화살괄호(〈 〉)로 표시하였다.

3. 직접적으로 인용한 부분은 큰따옴표(" "), 재인용이나 강조한 것은 작은따옴표(' ')로 표기하였다.

천장 天葬

티베트의 죽음 의례

심혁주 지음

씨
아이
알

들어가며

청말 주장대신駐藏大臣[1] 기선琦善의 보고에 의하면, 프랑스 국적의 윅 Regis-Evariste Huc(1813~1860)과 조제프 가베Joseph Gabet(1808~1853) 신부는 도광 道光 21년에 각각 선교를 목적으로 중국에 들어갔다.[2] 당시 윅 신부는 광동 廣東, 복건福建, 강서江西, 호북湖北, 하남河南, 산동山東 등지를 거쳐 북경北京 에 도착한 후, 다시 관동關東지방으로 떠났는데 그곳에서 가베 신부를 만 났다. 그들은 선교의 목적이 같음을 확인하고 1844년 8월 3일, 열하熱河를 출발하여 외몽고外蒙古, 감숙甘肅, 난주蘭州, 청해青海를 동행했고 1846년 1 월 29일 티베트 라싸에 도착했다.[3] 라싸에 도착한 지 얼마 지나지 않아 가 베 신부는 몸의 이상을 느꼈다. 어지럽고 식욕이 없고 얼굴이 부었다. 그 는 며칠을 견디다 라싸를 떠났다. 혼자 남은 윅 신부는 라싸를 여행하며 선교사의 사명을 다하고자 애썼다. 그는 산소가 부족한 고원에서 자신의 목적을 이루려면 확고한 자신만의 생각과 움직임이 필요하다고 느꼈다. 하루는 손에 마니차摩尼車(경전이 말려 있는 경통)를 들고 무언가를 중얼거리는 사람들이 포탈라궁 앞으로 가서 배를 땅에 붙이고 두 손을 귀에 대고 엎 드려 있는 모습을 목격했다.

오, 여기 사람들은 자신들을 감싸고 있는 영적 충만감을 다른 사람에게 설명할 필요를 느끼지 못하는 것 같다. 자신들의 숭배를 가치가 없거나 바보같은 행위라고 손가락질하는 것도 개의치 않는다. 증명할 수 없는 환생자에 대한 추앙도 걱정하지 않는다. 무엇보다 이곳은 이곳만의 보이지 않는 규칙이 있는 듯하다. 그건 수행자이든 유목민이든 화를 내면 안 되는 것이었다.[4]

며칠 후, 윅 신부는 거리에서 거지와 마주친다. 처음 보는 거지는 누가 보아도 알아차릴 수 있는 모습이었다. 거지 또한 처음 본 신부를 보고 놀라는 표정을 지었지만, 곧 입을 크게 벌리더니 수줍게 혀를 내밀었다. 붉고 긴 혀였다. 윅 신부는 놀라며 뒤로 몇 걸음 물러섰는데 거지는 개의치 않고 손가락으로 자신의 머리를 가리켰다. 도무지 이상하여 윅은 거지에게 물었다. "혀를 왜 내밀지요?" 거지가 대답했다.

내가 악인이 아님을 밝히는 것입니다. 악인은 검은 혀를 가지고 있거든요. 그래서 처음 만나는 사람과 인사할 때는 혀를 내밀어 내가 악인이 아님을 밝혀야 해요.[5]

그로부터 며칠 후, 윅 신부는 라싸의 외곽에서 충격적인 장면을 목격한다. 죽은 자의 시신을 잘라 새에게 주는 장면을 본 것이다.

시신을 토막내어 새에게 주는 라마승을 사람들은 '락바'라고 불렀다. 락바는 붉은색 담요에 싸여 옮겨온 시신을 한참 들여다봤다. 그리고 준비해온 칼과 도끼로 시신을 잘라서 새에게 주었다. 새는 회색의 독수리였다.

유럽인 여성 최초로 티베트 라싸에 들어간 알렉산드라 다비드 넬 Alexandra David-Néel(1868~1969), 꽃과 식물을 찾아 중국 윈난 티베트로 잠입한 식물학자 조지 포레스트George Forrest(1873~1932), 전쟁 중에 길을 잃어 티베트고원으로 흘러 들어간 하인리히 하러Heinrich Harrer(1912~2006), 지도 제작을 위해 중앙아시아를 탐험하다 티베트 서부로 들어간 스벤 헤딘Sven Anders Hedin(1684~1733)도 마찬가지였다. 그들 모두 시신을 새나 물고기水葬에게 주는 장면을 보거나 전해 들었다. 공포와 불쾌함을 느끼는 자도 있었고 영혼이나 환생을 생각하는 자도 있었다. 그들은 자신들의 고향으로 돌아가 목격담을 전하기도 했고 그림이나 글로 남기기도 했다.

중국 서남부에 사는 티베트인들은 죽음과 그 죽음에 관한 독특한 의례와 사유를 간직해온 것으로 알려져 있다. 토장土葬, 천장天葬, 탑장塔葬, 수장水葬이 그것인데 각각의 장법은 몸보다는 영혼을, 즉 정신의 순환을 중요시한다는 공통점이 있다. 불교에서 강조하는 윤회와 환생의 원리를 받아들였기 때문이다. 그들에게 윤회와 환생은 논리적 이론이기보다는 감성과 기질에 가깝다. 기질은 철학이 아니다. 그러므로 그들은 철학의 사상이나 불교의 교리로 그것(윤회와 환생)을 포장하거나 고차원적으로 생각하지 않는다. 기질은 단지 몸에서 가장 딱딱한 부분의 하나이며 바뀌지 않는 신념일 뿐이다. 강한 신념을 가진 사람들, 그것만이 진실에 가깝다고 믿는 사람들은 다른 사람의 말에 좀처럼 귀 기울이지 않는다. 오히려 고정되고 굳어져 간다.

그래서일 것이다. 티베트인들은 천장이라는 죽음의 방식을 기질처럼 받아들인다. 천장은 사원에서 수행 중인 라마승이 스승에게 전수받은 의학지식과 훈교訓教에 따라 시신을 해부하여 독수리에게 주는 장법이다. 외부의 시선으로 볼 때, 이 방식은 기이함을 넘어서 경악스럽다고 할 수도 있다. 인간의 몸을 발라내어 새에게 주다니 말이다. 하지만 정작 티베트 인들은 아무렇지도 않다. 조용하고 경건하며 심지어 울지도 않는다. 그들 은 자신을 소유하지 않으며 타인도 소유하지 않는다는 표정을 보여준다. 죽음은 약속을 하지 않는다는 것을 이미 알고 있다는 눈빛을 한다. 이 책 은 그들의 죽음과 그 죽음을 받아들이는 의례에 관한 이야기다.

이 책의 구성과 요지는 다음과 같다. 먼저 티베트인들의 죽음의 태도 는 언제, 어디서, 어떻게, 누가 만들었는지를 살펴보았다. 요컨대 그들 의 정신세계의 탄생과 과정은 어떤 배경 속에서 성장했는지가 궁금했는 데 본문에서는 고원이라는 특수한 공간을 주목했다. 어느 사회 또는 개인 이든 삶과 죽음의 자세는 그들이 살아왔던 태초의 그곳에서 동행해왔던 자연과의 상호관계가 절대적 영향을 미치기 때문이다. 1장은 그것에 관 한 추적이라고 볼 수 있다. 아울러 고원이 주는 고난과 보상에 관한 이야 기도 덧붙였다. 2장에서는 티베트 종교의 탄생과 그 종교가 간여하고 만 들어낸 죽음 의식을 알아보았다. 인간을 둘러싼 자연조건, 그것은 생존조 건이며 죽음의 형태를 결정짓는 중요한 요소이기도 하다. 그런 면에서 티 베트의 고원은 토착 종교의 탄생을 촉발했다. 2장에서는 티베트에서 처 음 출현한 종교의 형태, 즉 본교(뾘Bön)의 특징과 추구하는 원리를 탐색해 보고 그것이 사람들에게 어떤 정신적 영향을 미쳤는지를 알아보았다. 그 러면서 본교가 추구한 구원과 제사 의식의 사례도 살펴보았다. 여기에는 8세기 들어 인도에서 티베트로 전입된 불교에 본교가 자리를 내주는 과정 도 포함된다. 이를 바탕으로 3장에서는 불교가 완성한 천장의 형태와 의 미를 탐색했다. 유래, 의례, 방식, 조건들이 그것이다. 현지에서 만난 라 마승과 유목민, 고인 가족들과의 인터뷰도 담았다. 그들이 천장을 원하 는, 또는 고집하는 이유를 드러내고 싶었기 때문이다.

티베트인들에게는 죽음에 대한 속담이 있다. "내일과 죽음 중에 누가 먼저 올지 아무도 모른다"라는 것이 그것인데 여기에는 세 가지 의미가 순차적으로 담겨 있다. 첫째, 인간은 반드시 죽는다. 둘째, 하지만 언제 죽을지 모른다. 셋째, 죽을 때 아무것도 가지고 갈 수 없다. 그러므로 살아 있을 때 죽음 준비를 잘하라는 것이다. 이 속담은 티베트 사자死者의 서書라 불리는 『바르도 퇴돌ᐣᐟᐟ』의 핵심 가르침이기도 하다. 진언의 모음집에 가까운 이 책은 죽음 너머의 세상을 설명한 사후 가이드로 볼 수 있는데, 8세기 붓다의 화신으로 여겨지는 파드마삼바바蓮華生. Padmasambhava가 지어서 숨겨 놓은 것으로 전해진다. 1919년 라마승 카르마 링파가 발견하고 1929년 옥스퍼드 대학교 종교학과 교수인 에반스 웬츠W. Y. Evans-Wents가 번역하여 세상에 알려졌다. 책이 세상에 소개되자 사람들의 과도한 관심을 받았는데 그건 마치 저자가 죽음 너머의 세계, 즉 사후세계를 다녀온 것처럼 구체적으로 묘사한 내용 때문이었다. 바르도(사이) − 퇴(듣는다) − 돌(해탈)의 뜻을 가진 책은 죽음 직전 또는 죽음 후 49일 동안 티베트 수행자가 읽어주는 독송으로 해탈하거나 좋은 곳에서 다시 태어날 수 있다고 설명한다. 죽음은 몸의 소멸이지만 수행자로서는 영적인 재탄생을 시도할 수 있는 소중한 시간이라는 것이다. 『바르도 퇴돌』에서는 죽음을 슬픔이 아닌 설렘을 기대할 수 있는 마지막 시간이라고, 모든 고뇌와 잘못을 한번에 벗어날 수 있는 최후의 기회라고 소개하고 있다. 정말 그럴 수 있을까? 본문에서 확인할 수 있을 것이다.

오늘날 세상은 늙음과 소멸보다는 오래 살기와 젊은 몸을 유지하는 것이 더 중요해 보인다. 하지만 몸의 쇠락과 죽음은 피할 수 없는 현실이다. 인간은 세상에 나오면 성장하고 관계를 맺고 퇴화하고 결국 소멸을 맞게 된다. 다만 그게 언제이고 어떤 방식이고 어떤 결말인지 아무도 모를 뿐이다. 그래서 두렵고 불안한 것이다. 불안은 미래에서 오기 때문이다. 그런 면에서 티베트인들이 말하는 "내일이 먼저 올지 죽음이 먼저 올지 아무도 모른다"라는 속담은 오늘날 더 분명하게 다가온다.

　티베트인들은 고원에서 산다. 새 한 마리가 겨우 날개를 퍼덕거릴 정도밖에 안 되는 한 줌의 공기 속에서 살아왔고 살아간다. 그럼에도 그들은 입을 벌려 공기를 저장하거나 모아두지 않는다. 삶이 재미없고 견디기 어렵다고 스스로 몸에 상처를 주면서 죽을 생각도 하지 않는다. 단지 주어진 하루를 살아갈 뿐이고 그러다 죽음이 오면 받아들일 뿐이다. 그리고 거기에 맞는 죽음의 의례를 한다. 티베트인들의 소멸 의식은 한 인간의 죽음관이 어떻게 형성되고 유지되고 전승되는지를 보여 준다. 그들의 생사관은 어디서부터 시작되었을까? 누군가의 죽음을 목격했을 때인가 아니면, 자신의 죽음이 임박했을 때인가, 그도 아니면 자신들이 소중히 하던 동물이나 자식이 아플 때인가? 생각해보면 그들의 생사관은 짧은 하루에서 만들어진다. 푸른 새벽에 시작되어 붉은 노을이 올 때까지, 그들이 온종일 듣는 소리, 관계의 감정이 만들어 내는 냄새, 무엇을 위해 살아야 하는지를 생각하는 시간 속에서 그들의 생사관은 만들어진다. 하루하루가 모여 그들만의 생사관이 결정된다. 티베트 천장을 소개하는 이유다.

차 례

004   들어가며

제1장   영토와 소리
014   고원의 경관
020   외치는 사람들
026   본교의 상장 의례

제2장   고원의 죽음
038   토장土葬: 왕의 장례
042   수장水葬: 아이의 장례
044   탑장塔葬: 수행자들의 장례

제3장   천장
050   나무
052   유래
054   의례
060   새
063   바람
071   돕덴
077   해부
081   바르도 퇴Thö돌dol

093   나가며
098   미주
105   참고문헌

제1장

영토와 소리

제1장

영토와 소리

고원의 경관

1965년 중국 지도에 서장자치구西藏自治區로 편입된 티베트 영토를 보면 다음과 같다.

북으로 중국의 신강新疆과 청해호清海湖에 연접해 있고 동으로는 중국의 사천四川과 운남雲南으로 산맥을 이어간다. 중부는 카일라스산맥이 동서 방향으로 뻗어 장북고원藏北高原과 장남곡지藏南谷地의 경계를 이루고 있다. 카일라스산맥 이북과 곤륜산맥 이남은 모두 장북藏北고원이라 일컫는 5,000m 전후의 광활한 고원을 이루고 있다. 이 고원은 기복이 비교적 완만한 산지와 분지로 구성되며 이 분지 안에는 많은 담수호가 형성되어 있다. 곤륜산맥 이외의 여러 습곡산맥은 티베트의 동부지역으로 몰렸다가 갑자기 방향을 남북으로 바꾸고 있는데, 이곳에서 여러 개의 높은 산맥과 깊은 협곡이 교차하며 고산 협곡지구를 이룬다. 티베트는 북위 7~27도 사이에 위치하여 위도상으로는 그다지 높다고 할 수는 없

그림 1 티베트 영토. 우창 지역(서장자치구)이 중국 지도에 편입된 영토다.

다. 그러나 지형이 높고 험준하며 고산으로 둘러싸여 있기에 한랭 건조
한 기후를 나타낸다.[1]

문순철은 이런 티베트 지형을 '이심성'과 '차별성'으로 설명한다.[2] 이심
성은 지리적 입지의 원격성geographic locational remoteness을 일컫는 것이고
차별성은 그에 따른 사회 공간적 특이성socio-spatial distinctiveness을 말함이
다. 그는 이러한 고원의 특수성이 티베트의 환경, 문화, 종교, 제도 심지
어 건축양식에도 영향을 주었다고 보았다.

독일인 학자 R. A 슈타인Rolf A. Stein도 『티베트의 문화La civilisation
tibétaine』에서 티베트의 공간에 대해 자신만의 견해를 제시했다.[3]

일반인들이 보통 그곳을 매우 춥고 거칠어 살아가기 힘든 땅이라고 생
각하지만 그런 선입견은 수정되어야 한다. 오히려 티베트의 지리학적

위도는 알제리의 그것과 같고, 따라서 모든 지역이 단지 눈과 황무지로 이루어져 있다고 생각하는 것은 진실과 멀다. 어쩌면 티베트의 평가는 목적을 가진 탐험가들의 잘못된 인식과 보고로부터 유래되었을 것이다. 물론 티베트 북부의 창탕羌塘 지역은 대부분 황무지이고 거주할 수 있는 공간은 매우 제한적이다. 하지만 남동지역은 매우 오래된 원시림이 존재하고 평지와 계곡에는 초지와 숲이 있다. 사실상 비는 티베트의 동부와 남쪽 계곡을 제외하고는 거의 오지 않는다. 농업에 필요한 물의 부족분은 눈이 녹은 것이나 눈사태로 생긴 시냇물로 해결할 수 있다. 겨울이 되면 견디기 힘들지만, 계곡과 평지는 낮 동안에 많은 양의 햇볕이 견딜 만하게 해준다.

일본인 학자 야마구치 즈이호山口瑞鳳는 이들의 주장과는 다르게 티베트 영토가 가지는 불합리성을 주장한다.

> 티베트고원은 폐쇄적이고 非문화성을 가지고 있으며 빈곤이 만연하다. 아마도 그것은 어쩔 수 없는 공간적 특수성에서 비롯된 것으로 보인다. 특히 내가 주목하는 고원의 닫힌 구조는 18세기 이후 세계 각국이 근대화에 박차를 가하고 있을 무렵 티베트가 중국에 예속되어 근대사회로 전환하지 못한 결정적 이유 중의 하나다.[4]

야마구치가 지적한 티베트 지형의 닫힌 구조, 즉 폐쇄성은 실용적으로 작용하기도 한다. 요컨대 그곳은 자체적으로 고립을 이루고 있다는 점이다. 그래서 그곳은 외부와 차별을 유지할 수 있었다. 고립은 무엇이든 확고한 정체성과 고유성을 지켜낸다는 고집이 작용하기 때문이다. 고원은

천장天葬_티베트의 죽음 의례

평지로부터의 영향과 유입을 제한할 수 있고 이것은 선택적인 문화교류가 가능하다. 무엇보다 고원의 문화를 자체의 것으로 융화할 수 있는 충분한 시간도 벌 수 있다. 고원은 건조한 날씨가 대부분이다. 따라서 토양은 염석회가 풍부해지는 경향이 있다. 티베트고원의 이런 환경은 유산과 유물의 보존성과 영속성에 유리하게 작용해왔다. 사실 이런 조건은 불교사원이라는 건축물과 경전을 오래도록 보관하고 유지할 수 있으며 번역과 유통도 유리한 여건을 마련해주었다. 티베트가 정신문화와 유물을 오래도록 전승하고 유지하는 비밀은 여기에 있다고도 할 수 있다. 건조한 고원성 기후는 모든 것을 원형 그대로 보존할 수 있게 만드는 조건을 스스로 가지고 있기 때문이다. 중앙아시아 초기 불교의 산스크리트 경전이 인도에서는 이미 자취를 감추었으나 티베트불교 경전에는 아직 남아있는 이유를 여기서 찾을 수 있다. 티베트 문화가 보이는 강인한 전통성은 고원의 지형과 기후가 선사하는 원형 보존성과 무관하지 않음을 알 수 있는

그림 2 티베트고원의 지형과 기후는 외부의 침입과 도전을 자연스럽게 방어하며 유산과 유물 보존에 적합하다.

제1장 영토와 소리

대목이다. 천년이 넘는 시간 동안 티베트는 주변 국가와 교류를 했지만, 자체 문화의 고유성을 잃지 않았으며 그 문화원형을 간직할 수 있었다. 이는 티베트 고원의 고립성 때문이라고 볼 수 있다.[5]

학자들의 논리적인 주장에 비해 티베트를 다녀온 여행가 또는 탐험가들의 일기나 여행기를 보면[6] 그곳은 척박하고 고립된 땅이기보다는 성스럽고 낭만적인 낙원에 가깝다. 신라 시대의 고승 혜초慧超(704~787)는 서역을 여행하다 토번吐蕃,[7] 오늘날의 티베트를 경유했던 것으로 보인다.

> 이보다 동쪽에 있는 토번은 순전히 얼어붙은 산, 눈 덮인 산과 계곡 사이에 있는데, (사람들은) 모직물로 만든 이동식 천막을 치고 산다. 성곽이나 가옥은 없으며, 처소는 돌궐突厥과 비슷하고, 물과 풀을 따라 이동한다. 땅에서는 양, 말, 묘우貓牛 등이 산다. 옷은 털옷이 많으며 날씨가 차다. 집에서는 늘 보릿가루 음식을 먹고 빵과 밥은 조금 먹는다. 사람들은 매우 까맣고 흰 사람은 아주 드물다. 언어는 알아들을 수 없다. 이風를 잡는 것을 좋아하는데 (이를) 잡자마자 입 안에 넣고 씹는 사람도 있다.[8]

식물학자 프랭크 킹든 워드Frank K. Ward(1885~1958)는 1911년 12월 생애 처음으로 도착한 중국 윈난 서쪽 노강怒江 인근의 텅충Teng-chong에서 다음과 같이 고백하기도 했다.

> 지천에 가득한 아름다운 고산식물, 수많은 야생동물, 복잡한 지형, 특이한 부족들, 아시아에서 이처럼 매력적인 곳이 또 있을까. 여러 해 동안 돌아다녀도 질리지 않을 곳이다. 험한 정상을 오를 때, 쌓인 눈을 밟을 때, 비바람과 싸울 때, 눈앞에 보이는 깊은 계곡의 따스함을 느끼고 요

천장天葬_티베트의 죽음 의례

동치는 강물 소리를 들으며 주변을 돌아다닐 때, 그리고 무엇보다도 부족 사람들과 어울릴 때, 내 혈관에는 피가 돌고, 신경세포는 차분해졌으며, 근육은 마디마디가 긴장되었다.[9]

프랑스 여성 알렉산드라 다비드 넬(1868~1969)[10]은 라싸에 도착해서 처음 보는 야크를 보고 감동을 받았다.[11]

이곳에서 야크는 가축이 아니라 가족인 듯하다. 밖이 추우면 집안에서 같이 지내고, 먹이는 야크의 똥이 필요한 만큼만 준다. 밤에는 종이나 나무 대신 야크 똥으로 불을 지핀다. 야크의 이름도 지어준다. 야크와 목동은 형제 같다. 같이 다니고 같이 잔다. 야크는 사는 동안 많은 것을 내어준다. 몸도 주고 털도 주고 뿔도 내어준다. 초원의 사람들은 그런 야크를 신성시하며 다음 생의 인연을 기다린다.

티베트를 체험하거나 목격한 여행가들은 처음 마주한 고원의 경관에 입을 다물지 못했다. 무엇보다 그곳에서 살아가는 사람들의 모습에 놀랐다. 그들은 초원에 살든, 언덕에 살든, 구름 밑에서 살든, 인생은 삶보다는 죽음이 중요하다고 말했다. 이번 생도 그렇고 앞으로도 자신들의 삶과 죽음은 아무런 연습 없이 태어나서 아무런 훈련 없이 죽는다고 했다. 반복되는 하루는 단 한 번도 없고, 두 번의 같은 밤도 없고, 세 번의 한결같은 포옹도 없고, 네 번의 같은 눈빛도 없다고 했다. 그러므로 자신들은 오늘 하루의 소리, 냄새, 감정, 관계, 기억이 중요하지 언제 올지 모르는 죽음에 대해서는 두려움을 갖지 않는다고 했다.

이런 티베트인들의 하루에 대한 태도는 길게는 삶과 죽음에 대한 방향과 사유를 결정하게 만든다. 그리고 그 모든 것의 바탕에는 절대적 고원이라는 태초의 자연 환경이 영향을 미쳤다. 즉 어쩌지 못하는 거대한 자연이 있다고 치면 그 안에 사는 인간은 별수 없이 적응하고 대응하며 사는 것이다. 빛과 전기가 없으면 태양과 달을 빌어 사는 것이고 물이 필요하면 눈雪이나 비雨를 기다려 사는 것이다. 인내하며 사는 것이고 적응하며 죽어가는 것이다. 그러나 다른 한편으로 생각해보면 인간의 판단과 행동이 주어진 조건에만 의존하며 결정되는 것이라면 그건 인간의 의지와 정신을 과소평가하는 꼴이 될 수도 있다. 아무리 척박하고 힘들어도 그들이 일구어낸 정신적 유산과 문화의 탄생은 도전과 응전이라는 인간의 또 다른 의지의 표출이기 때문이다. 결핍과 부족이 바탕인 티베트고원에서 사람들은 어떻게 적응하며 살아왔을까? 그러니까 고립적이고 물적 토대가 빈약한 공간에서 티베트인들은 어떤 방식과 태도로 인생을 만들어냈으며 죽음을 직면했을까?

외치는 사람들

고원의 티베트인들은 눈(보는 것)보다는 귀(듣는 것), 혀(먹는 것)보다는 행위(움직임)에 마음을 쏟았다. 하루의 기쁨보다는 내일 죽을 수도 있다는 사라짐을 의식하며 살았다. 오래 산다는 것은, 돌이나 호수처럼 움직임이 없고 욕심이 없는 자연의 특권이라 생각했다. 그래서 그들은 순식간에 종료되는 삶보다는 한 번도 경험해보지 못한 죽음과 그 너머의 세계를 상상하며 살았다. 죽음을 생각하며 산다는 것, 그건 절대적 신앙의 대상을 찾게 만든다. 신앙을 갖는다는 것, 그건 순응자가 되는 것이었다. 그들은 신을

천장天葬_티베트의 죽음 의례

만난 적은 없지만, 돌이나 호수, 설산이나 빙하에 산다고 생각했다. 그것들은 죽지 않고 오래도록 같은 자리에서 변함이 없기 때문이었다. 그러면서 신은 호수나 바위 안에 숨어서 자신들을 훔쳐본다고 생각했다. 그렇게 생각하면서 자신들이 신에게서 버려졌다고 생각하지 않았다. 그들에게 신은 때때로 찾아드는 공포나 두려움의 순간에 필요했다. 하늘에서 떨어지는 게 별인지, 우박인지, 천둥인지, 예정된 섭리인지 아무도 모를 때 신은 필요했다. 문득 내일이라도 죽을 거 같은 몸의 신호가 왔을 때, 이유를 알 수 없는 심장의 고통이 느껴질 때, 신은 그럴 때 필요한 존재라 생각했다. 하지만 신은 그들의 바람대로 나타나지 않았다. 커다란 짐을 운반할 때, 바위에 깔렸을 때, 천둥과 번개에 찔렸을 때도 신은 나타나지 않았다. 신은 하찮은 이익을 위해 목숨을 거는 인간들을 피해 꼭꼭 숨어 버린 것처럼 드러나지 않았다. 그러다 기쁨과 슬픔, 탄생과 죽음, 선과 악의 상반된 감정이 온전히 결합하는 일치의 순간에 신은 나타났다. 사람들이 그 무엇에도 확신을 느끼지 못할 때 또는 모든 것에 흥미가 사라지는 순간에만 신은 소리로 자신의 존재를 알렸다.

처음 그들이 발견한 신은 '외치는 사람들'이었다. 그들은 '본Bön'이라는 종교에 가까운 샤머니즘을 만든 사람들이었는데 높은 곳에 올라 하늘을 향해 소리를 질렀고 그럼으로써 구원을 받을 수 있다고 주장하는 사람들이었다. 중국의 왕선王森은 이에 대해 다음과 같이 설명했다.[12]

> 티베트에 불교가 전입傳入되기 이전, 고원에서는 고유의 종교가 있었는데 본교本敎, 뵌, Bön라 칭했다. 본교는 무속신앙과 같은 성질을 가지고 있었는데 사람들이 원하면 점과 주술을 통하여 재난을 방지하고 복을 기원하였다.[13] 또 하늘과 접속하여 병을 치료하고 악을 몰아냈다.

왕선의 해석에 따르면, 고대 티베트의 토착 신앙인 본교는 삶과 죽음의 문제를 하늘과 자연을 향해 제사를 지내는 것으로 해결할 수 있고 자신들의 주술로 인간의 병을 치료할 수 있는 무속인이자 영매였다. 본교의 역사와 문화를 다룬 『토관종파원류土觀宗派源流』에서는 본교의 활동 범위를 좀 더 세분화하고 있다.

> 본교의 주요 활동은 병든 자의 치료, 장례 의식, 신의 강림 그리고 사람들의 안녕을 기원하는 구원 의식으로 분류될 수 있다. 고대 티베트의 첫 번째 왕인 네치첸포聶赤贊普부터 송첸감포松贊干布왕에 이르기까지는 '국교'의 역할과 기능도 했다.[14]

본교의 숭배 대상은 하늘과 자연이었다. 세상을 하늘, 땅, 지하 삼계三界로 나누고 거기에는 각각의 신(절대자)이 존재한다고 주장했다. 그래서 하늘의 신을 찬贊(하), 지상의 신을 년年, 지하의 신을 노魯(루)라 했는데[15] 이중 하늘을 삼계三界 중에 최상층의 세계로 설정하고 해와 달, 별을 광명의 신으로 모셨다.[16] 특히 본교의 하늘에 대한 숭배는 파격적인 제사 의식을 통해 사람들에게 강한 인상을 주었다. 이 경향은 8세기 티베트 장례 방식인 조장鳥葬으로까지 나아간다. 조장은 새를 중심으로 보는 장법으로, 티베트인들에게 새는 하늘과 인간 세계를 연결해주는 특별한 존재로 여겨진다. 요컨대 시신을 먹은 새가 하늘로 높이 올라가 사라지면 사람들은 고인의 영혼이 좋은 곳으로 갔다고 간주했다. 본교의 하늘에 대한 숭배 사상은 화장火葬에서도 드러난다. 화장할 때 연기가 하늘 높이 올라가면 사람들은 영혼이 연기를 통해서 하늘 너머의 세상으로 이동했다고 믿었다.

티베트 최초의 왕으로 전해지는 네치첸포는 하늘에서 무지개를 타고 지상으로 내려온 신의 아들로 전해진다. 그를 발견한 최초의 사람, 그는 본을 따르는 자였는데, 그(네치첸포)를 보자 하늘에서 내려온 신으로 간주하고 소리(간청) 지른 일화는 하늘에 대한 숭배와 동경이 얼마나 간절했는지를 보여준다.[17]

나를 당신이 머무는 그곳으로 올려 주세요.
그곳으로 올라가 주위를 둘러보고 땅을 내려다보고 싶어요.

찬(네치첸포)이 대답한다.
그건, 힘들어. 그곳의 문은 아주 견고하게 닫혀 있거든.
늘 굳게 닫혀 있지.
아래에서 위, 왼쪽에서 오른쪽이 모두 단단한 돌로 만들어졌어.
감히 만지기도 어렵지.

그래도 들어가고 싶어요.
그 안에는 커다란 빈방이 있다고 들었어요.
이제껏 아무도 본 적 없는, 그 누구의 발자취도 없는, 고요한 방,
그 방으로 들어가고 싶어요.

찬이 대답한다.
맞아. 크고 빈방이지.
하지만 그 안에는 빈자리가 없어.

그래도 들어가 보고 싶어요.

하늘의 방, 당신만이 거주하는 그 방에서 눕고 싶어요.

찬이 말한다.
그럴 수 없어.
왜냐하면 너에게는 함께하겠다는 마음이 전혀 보이지 않아.
머리가 길어도 귀와 코가 아름다워도
함께하고픈 마음이 부족하면 아무런 쓸모가 없어.
그러니 너에게 열어줄 문은 없어.[18]

센랍미우첸幸繞米沃, gshen-rab-mi-bo(이하 센랍)[19]은 본교의 창시자로 전해
진다. 『본교원류本敎源流』에는 그의 행적을 다음과 같이 소개하고 있다.

왕이 국사를 논할 때, 종종 좌우에 행幸을 대동하고 다녔다. 행이 의사표
시를 하지 않으면 왕도 결정을 미루었다.

여기서 말하는 행은 센랍으로 추정된다. 본교의 책으로 알려진 『새미塞
米』, 『광영경光榮經』, 『타퇴朶堆』에서는 센랍의 생몰 시기, 가정과 생활환경,
종교적 능력 등에 관한 기록과 전설이 전해져 내려오고 있는데 사람들이
그를 숭배하고 따르게 된 이유를 다음과 같이 전한다.[20]

그가 가진 주술력呪術力과 구원 의식은 사람들의 마음을 빼앗기 충분하
다. 그의 역할은 두 가지 면에서 발휘되었다. 먼저 왕(찬보贊晋)들의 권력
강화와 신성화 작업에 중요한 역할을 했다는 점이고, 그러면서 자신의
제자들을 앞세워 죽음을 앞둔 또는 이미 죽은 사람들을 위해 상장의식

을 했다는 것이다.[21]

처음 티베트고원에서 하늘 또는 자연과 소통할 수 있는 사람은 본교의 주술사(제사장)들이었다. 즉 센랍과 그의 제자들巫師(제사장, 영매)이라고 볼 수 있는데 사람들은 그들을 '늑대를 무서워하지 않는 양'이라고 불렀다. 그들은 하늘과 소통할 수 있는 유일한 능력자로 간주되었다. 사람들은 짐승을 잡거나 귀한 약초를 발견하면 그들 앞으로 가져갔다. 그럴 때마다 그들은 점을 쳐주고 악귀를 몰아내고 병으로부터 사람들을 치료해 주었다. 특히 제사장은 춤을 잘 추는 것으로도 유명했다. 악귀와도 잘 싸웠다. 악귀들은 나무, 바위, 계곡, 호수, 숲 등에 숨어 있다가 혼자 돌아다니는 사람과 동물을 보면 그의 몸속으로 들어가 영혼을 갉아먹었다. 영혼을 삼켜야 악귀는 오래 살 수 있었기 때문이었다. 제사장은 그런 악귀들을 쉽게 제압해 주었다.[22]

티베트 고대사회의 특징은 전쟁과 제사로 압축될 수 있다. 따라서 본교의 제사장은 늘 필요한 존재였다. 탄생出生, 혼인結婚, 상장喪葬, 질병疾病은 물론이고 전쟁과 국사에 참여할 수 있었던[23] 그는 당시 주술을 겸비한 신의 대리인 역할을 했다.[24]

제사장의 활약과 영향이 막강하던 시기는 토번吐蕃시대였다. 당시 토번은 여러 부족을 제압하고 통일하는 방법으로 맹세제도를 활용했다. 맹세제도는 왕과 신하의 관계를 유지시키는 하나의 중요한 방법이었으며 여기에는 본교의 역할이 크게 작용하였다. 하지만 본교의 이러한 역할은 왕에게 도움이 되기도 하지만 갈등의 요소가 되기도 했다.[25]

티베트에서 불교가 등장하기 이전까지 본교는 고원 위의 사람들에게 대체 불가능한 사회적, 종교적 기능을 맡고 있었다. 그러다가 8세기 인도에서 전입된 불교와 마찰을 겪는다. 종교적 속성상 경쟁과 마찰, 상호 견제를 주고받던 본교는 결국 불교에 자신들의 교리와 원칙을 양보한다. 그러면서 자신들의 근거지와 세력을 잃고 중심에서 밀려나게 된다. 이때 불교는 윤회와 환생의 사상을 배경으로 본교의 토착적인 요소를 받아들여 융합하는데 이를 훗날 티베트불교라 칭한다.[26]

본교의 상장 의례

본교의 제사장은 '뵌포'로 불렸으며 정권政權과 신권神權을 관장하는 겸직兼職자였다. 왕의 비호 아래 막강한 권력을 구사했다. 『서장왕신기西藏王臣記』에서는 당시 제사장의 임무에 대해 다음과 같이 설명하고 있다.

> 뚠나뚠敦那敦, mdun-na-don이라 불리는 제사장의 일은 왕과 함께 나라의 길흉화복이나 인간의 화복을 점치는 것이었다.[27]

티베트의 고대 역사서인 『백사白史』에서도 제사장의 역할을 설명하고 있다.

> '뚠나뚠'은 왕의 신변에서 모든 잡사를 처리했으며 특히 점 보는 일에 주력했다. 그는 종종 군사와 정치에도 참여했으며 왕과 신하의 관계를 조율해주는 역할까지 했다.[28]

기록으로 보면, 당시 본교의 제사장은 왕의 신변에서 매우 중요한 역

천장天葬_티베트의 죽음 의례

할을 담당했으며 왕조의 중요한 국사에도 적지 않은 영향력을 발휘한 것으로 보인다. 아울러 원시 종교의 성향이 그러하듯이 우두머리는 '사제-샤만'의 실행자였기에 본교가 당시 사회와 사람들에게 미쳤던 영향력은 강력할 수밖에 없었다. 제사장의 영향력은 그들이 추구했던 주술성이 강한 혈제血祭 의식에서 확인된다.

헌제와 혈제에 관한 이해는 본교의 역사에서 그 흔적을 찾아볼 수 있는데 순차적으로 3단계를 가진다. 첫 번째가 독본篤本, 두 번째가 가본伽本, 세 번째가 각본局本 시기인데, 초창기인 독본 시기에 혈제血祭 행위가 이루어졌다. 이 시기는 본교의 가장 원시적이고 토착적인 형태를 띠던 시기이며 아직 체계적인 교리나 조직을 갖추지 못했다. 대신에 샤머니즘적, 주술적 성격이 강했다. 따라서 자연 숭배, 조상 숭배, 악령 퇴치, 병 치료 등을 위해 다양한 의례와 주술 행위가 이루어졌는데, 가축과 동물 등을 도살하여 그 피로 하늘에게 제사를 지내는 것이 보편적이었다. 헌제 다음으로 필요에 따라 혈제가 행해졌는데 혈제는 소, 양, 말 등을 잡아서 피를 하늘에 바치는 원시적인 의식이었다. 이 시기는 영혼이나 환생 개념이 없었지만, 귀신의 존재를 인정했던 것으로 보인다. 요컨대 귀신은 보이지 않는 악인데 인간의 생명을 빼앗아 갈 수 있으며 심지어 후대까지 해를 끼칠 수 있는 악한 기운으로 여겼다. 따라서 고원의 티베트인들은 자신들의 삶을 위해 기도를 올려야 했고 동시에 해를 끼치는 귀신의 접근을 막아야 한다고 생각했다. 이에 본교는 매년 가을에 신제神祭를 거행했다. 동물(주로 양과 말)을 잡아서 하늘의 제물로 바쳤다. 봄에는 조사제祖師祭를 거행했는데 나무와 식량糧食으로 소연燒烟 제사를 지냈다.[29] 이에 관해 티베트 학자 소남체링索南才讓은 당시 본교의 제사 의식을 다음과 같이 규정했다.

초기 본교의 형태를 용종본교雍仲苯敎라 부르는데 흑교黑敎라 칭하기도 한다. 흑교에서는 주술성이 강한 혈육제를 추구한다. 혈육제란 혼이 깃든 살아 있는 동물을 도살하여 피와 혼을 그들이 신앙하는 대상에게 바치는 의식이다. 이것을 용혈육성미봉지用血肉腥味奉之, 피와 살의 냄새로 삼독三毒의 해체를 소망한다고 한다. 즉 몸, 뼈, 혈액의 완전한 바침을 통해 악의 소멸을 기원하는 것이다.[30]

사람을 구원하거나 신에게 바치는 의례도 존재했는데 이를 대홍제大紅祭라 했다. 『미랍일파도가米拉日巴道歌』에서는 다음과 일화가 전해온다.

라싸에 사는 부자, 추키쳉마chu-ki-cheng-ma는 화병에 걸렸다. 눈에 넣어도 아프지 않은 딸이 다섯이나 있었는데 알 수 없는 전염병에 걸려 세 딸이 연이어 죽어 나갔기 때문이다. 도대체 왜 죽었는지? 무슨 이유인지 알 수 없었다. 그는 남은 두 딸은 살리고 싶었다. 본교의 주술사가 라싸의 홍산紅山 밑에 굴을 파고 산다는 소문을 들었다. 그는 주술사를 직접 찾아갔다. 굴 앞에 다다르자 그는 잠시 멈추어 서서 어두운 굴속을 바라보았다.

신발을 벗고 오세요.

동굴 안에서 명령하는 듯한 목소리가 들렸다. 그는 무슨 무거운 죄라도 지은 것처럼 황급히 장화를 벗고 양손에 쥐었다.

천천히 들어오세요.

그는 야크 뿔이 새겨진 자신의 장화를 가슴 앞으로 치켜들고 천천히 나아갔다. 동굴은 길고 축축했다. 컴컴한 바닥을 살피며 그는 한참을 나아갔다. 불안한 마음이 들기 시작했다. 하지만 동굴 안은 걸어 들어갈수록 따뜻하고 기분 좋은 냄새가 났다. 양파 냄새 같았다. 동굴의 끝에는 머리를 늘어뜨린 여인이 앉아 있었다. 검은 안대로 눈을 가리고 있었다. 맹인? 그는 저 앉아 있는 사람이 자신의 딸을 살릴 수 있을까 의구심이 들었지만 앞을 못 본다고 못 할 건 없지, 싶었다.

딸만 살려준다면 원하는 것을 들어주겠소.

한참이 지나고 그녀가 입을 열었다.

100마리의 야크
100마리의 양
100마리의 염소
그리고 북과 나팔을 준비하세요.

그녀는 동물들의 심장을 꺼내 하늘에 바쳐야 한다고 했다. 그렇게 많은 동물이 왜 필요한지 설명해 주지 않았지만, 그는 고개를 숙이며 그렇게 하겠다고 했다. 며칠 후, 혈제가 시작됐다. 그녀는 앞을 보지 못했지만 능숙하게 북을 치며 주문을 걸었다. 하늘을 향해 두 팔을 벌리고 큰 고함을 지르기도 했다. 며칠 동안 계속됐다. 그녀는 밤낮을 쉬지 않고 북과 나팔을 울리며 양과 야크의 배를 가르고 심장을 꺼내 하늘에 보여주었다. 의식은 끝났고 딸들은 죽지 않았다.
딸들이 살게 되자, 그는 그녀에게 감사의 보답으로 무엇을 원하는지 물었다. 그러자 그녀는 '양파'를 달라고 했다. 뜻밖의 요구에 그는 놀라며 물었다.

양파요?
네. 그거면 됩니다. 그녀가 대답했다.
이유를 알 수 있을까요? 그가 묻자,
그녀는 혀로 윗입술을 핥더니 말했다.

양파는 하나입니다.
양파는 속이란 게 존재하지 않아요.
껍질에서 뿌리 구석까지 속속들이 모두 다 같은 모양이지요.
당신도 먹어봐서 알잖아요?

그녀는 말을 이었다.
인간의 피부를 보세요.
피부 속은 아수라장입니다. 저주받은 뼈와 근육, 피와 힘줄이 가득하지요.
하지만 양파를 보세요.
양파 안에는 오직 양파만 있을 뿐, 지저분한 내장 따윈 찾아볼 수 없어요.
양파의 알몸은 언제나 한결같아서 아무리 깊숙이 들어가도 늘 그대로입니다.
겉과 속이 항상 일치하는 존재입니다.

그녀는 양파 예찬을 이어갔다.
한 껍질, 또 한 껍질을 벗길 때마다 좀 더 작아진 똑같은 얼굴이 나타날 뿐.
세 번째도 양파, 네 번째도 양파,

천장天葬_티베트의 죽음 의례

차례차례 허물을 벗어도 양파의 그것은 똑같아요. 몸이 작아질뿐.

하지만 인간 몸 안에 가득한, 지방과 정맥과 신경과 점액과 그리고 은밀
한 속성, 비열하고 치사하고 권모술수적인 기운은 바뀌지 않아요.
양파가 가진 완전무결한 순수함은 우리에겐 허락되지 않아요.

고대 티베트 사회에서는 석관장石棺葬이 잠시 있었던 것으로 파악된다.
고원에는 호수와 바위가 많기 때문이었을 것이다. 석관장은 시간이 지나
며 본교의 세력들이 개입하면서 의례의 변화를 보인다. 단순하게 돌로만
장례가 이루어지던 형태는 본교가 만든 장법, 즉 관은 석재를 쓰고 시신
은 푸른색의 끈으로 둘러싸 옹중雍仲.卍형의 위치로 안치하는 방법으로 바
뀐다. 본교의 상장의식 지침서인『본교의 상장의식西藏本教徒的喪葬儀式』에서
는 이 의식의 목적을 다음과 같이 설명하고 있다.

이곳에서 죽은 사람이 갈 수 있는 세계는 두 곳뿐이다. 첫 번째는 시체
와 동물(양,말,소등)의 순장殉葬을 통하여 평안의 세계로 갈 수 있다. 두 번
째는 암흑, 고난의 세계다. 그러므로 두 번째의 세계에 빠지지 않으려면
본교의 상장의식, 즉 구원 의례를 해야 한다. 그래야만 고통의 세계에서
벗어날 수 있다.

『오부유교등대신유교五部遺教燈大臣遺教』에서는 360종의 죽음의 방법과
네 종류의 장법葬法이 있음을 소개하고 있는데, 특히 구승九乘 중 하나인
「사행斯幸편은 제사와 주술, 상장 방법에 관하여 사례를 적어 놓아서 전문
지침서로 볼 수 있을 정도다. 다음의 일화를 보면 당시의 구원 의식을 짐

작할 수 있다.

산남지역을 다스리는 왕에게는 아들이 하나 있었다. 이름은 적향赤卒, Khri shang이었는데 태어나자마자 병이 들었다. 왕은 법력이 있는 주술사들을 불러 치료했지만 낫지 않았다. 주술사가 왕에게 제안한다.

주술사: 왕자(적향)와 동시에 태어난 한 어린이를 찾아내야 합니다.
왕: 왜인가?
주술사: 그 아이를 대신 죽여 제사를 지내면 됩니다.
왕: 그 방법뿐인가?
주술사: 출생이 같은 어린아이의 심장을 뽑아 하늘에 바쳐야 합니다.
왕: 그렇게 하라.

며칠 후, 왕자와 출생이 같은 아이를 찾아냈고 최고의 주술사도 초빙했다. 날이 다가왔다. 제물로 바쳐질 어린아이는 나무껍질로 만든 줄에 몸이 꽁꽁 묶였다. 아이의 엄마가 주술사에게 다가가 물었다.

엄마: 우리 아이가 무슨 죄를 지었나요?
주술사: 아무 죄도 없다.
엄마: 그럼, 왜 우리 아이를?
주술사: 단지 왕자와 같은 심장을 지녔을 뿐이다.

의식은 진행되었고 주술사의 제자들이 아이의 입에 재갈을 물리고 검은 두건으로 머리를 감쌌다. 아이는 고개를 저으며 덫에 걸린 새끼 짐승처럼 울었다. 그 광경을 보고 아이의 엄마는 쓰러졌다. 주술사는 아이의

천장天葬_티베트의 죽음 의례

앞으로 다가서 칼로 아이의 가슴을 갈라 심장을 꺼냈다. 피를 허공에 뿌린다. 하지만 왕자는 살아나지 못했다. 슬픔에 잠긴 왕과 왕비는 자살한다. 주술사는 자신의 스승을 초빙하여 왕과 왕비 그리고 왕자의 장례를 부탁한다. 죽은 이들이 악취의 구렁텅이에서 구원을 받도록 하는 것이었다. 스승은 다음을 명령한다.[31]

1. 준비된 제물을 두 개의 단 위에 올려놓고, 죽은 사람 각각의 형상을 흙으로 만들어라.
2. 흰색의 두루마리 종이 위에 사람 모양을 그려라.
3. 앙, 양, 강, 송, 암 다섯 글자를 쓴다. 앙yang은 오른쪽 발에, 양am은 왼쪽 발에, 강khang은 오른쪽 손에, 송srum은 왼쪽 손에, 암om은 이마에 붉은색으로 표시한다.
4. 중앙에는 죽은 사람의 이름과 왕국의 이름을 새겨 넣어라.
5. 각 그림을 세 개의 마디가 있는 갈대 줄기에 붙이고, 이들을 단상의 중간에 놓는다.
6. 하늘을 향해 소리를 질러라.

의식은 성공하고 스승은 죽은 아이를 위해 기도한다.

너의 작은 심장에게 고마움을 전한다.
보채지도, 소란을 피우지도 않아서.
타고난 성실성과 부지런함에 대해
그 어떤 보상도 요구하지 않아서.
너의 붉은 심장에게 고마움을 전한다.
너의 숨 한 번에 왕자가 눈을 뜨는구나.

너의 수축에 왕과 왕비가 깨어나는구나.

고맙고, 고맙구나.

스승은 주먹을 쥐고 뛰기 시작한다.

무無를 향한 돌진.

하늘이 갈라지고 구름에 구멍이 뚫린다.

『색이미色爾米』에서는 임종 후 구원을 시도하는 사례도 소개하고 있다.[32]

다포타덕多布朵德이라고 불리는 왕이 폭정을 일삼은 후에 죽었다. 그는
죽음을 맞이한 최후의 순간에 참회와 반성을 하였다. 그래서 신하에게
명령하여 본교의 교주인 센랍을 초청하여 자신이 죽은 후 상장의식을
거행하도록 명령했다. 왕은 죽은 후에 지옥으로 갔다. 센랍은 우선 왕의
신身, 어語, 의意의 세 가지 불결함을 없애기 위해 수정으로 된 탑을 만들
었다. 그리고 세 개의 탑 지붕에 각각 신神, 신辛 그리고 사바斯巴의 형체
를 만들어 넣었다. 그리고 외부는 각종 중생의 화상들로 장식하였다. 여
기에는 하늘에 나는 것, 땅에 기어 다니는 것, 하늘에서 선회하는 것들
로 채워졌다. 센랍은 흰색의 두루마리 종이 위에 사람 모양을 그렸다. 그
리고 중앙에 왕의 이름을 썼다. 그는 네 모서리와 중간에 오용종五勇种이
라는 글자를 쓰고 명했다. 마역사馬譯師와 옥역사玉譯師는 제물을 준비하
라. 북을 치고 나팔을 불어라. 신하들은 내가 멈추라고 할 때까지 탑을
계속해서 시계방향으로 회전하면서 크게 절을 하라. 그러면 왕은 지옥
에서 구원받을 것이다.

고대 티베트 사회에서 인간의 죽음은 단순한 생명의 끝임을 의미하지 않았다. 사람은 육신의 소멸에 따라 벌을 받는 것이 아니라 구원을 받을 수 있다고 여겼다. 따라서 죽음을 처리하는 상장의식은 탄생만큼 중요시되었다. 이때 본교는 자신들만의 방식으로 파멸과 구원, 응징과 보상, 이미 일어난 일과 앞으로 일어날 일들을 해결해주었고 사람들의 지지를 받았다. 아울러 토번 왕조를 결속하고 유지하는 데도 적지 않은 역할을 했다. 하지만 왕실과 본교의 관계는 불교라는 새로운 사상이 들어오면서 바뀌게 된다. 불교는 본교에서 주장하지 않았던 이상적인 사후의 세계와 환생을 소개하였다. 물론 토속 신앙인 본교도 사후세계를 거론하기는 했지만, 불교처럼 연기설에 바탕을 둔 영혼의 윤회나 까르마를 논하는 구조가 아닌, 사람이 죽으면 귀신이 된다거나, 귀신이 사람으로 다시 태어날 수 있다고 하는 등의 간단한 구조였다. 토속 신앙인 본교가 불교사상과의 만남은 종교적, 정치적으로 커다란 위기였으며 도전이었다. 시간이 지남에 따라 본교의 구원 의식도 사람들에게 부담과 공포로 다가왔다.[33] 가축의 도살과 살생 의식 때문이었다. 그때 인도에서 들어온 불교는 사람들에게 새로운 원리를 알려주었다. 이타利他하고 자신의 삶은 절제하는 것이었다. 그러면서 아무런 대가를 바라지 않고 서로를 소유하지 않으며 타고난 운명을 섣부르게 확신하지 않는 '존재의 최소화'도 가르쳐주었다. 죽은 몸은 동물과 마찬가지로 다른 동물에게 주어도 된다고 했다. 그러면 살생을 하지 않고도 구원을 받고 바라는 세상에서 다시 태어날 수 있다고 했다. 사람들은 불교에서 주장하는 그것들이 과연 무엇에 대한 보답인지가 궁금했지만 묻지 않았다. 단지 자신들이 아끼는 가축을 죽이지 않아도 된다는 것에 만족했다. 본교는 저항했지만, 사람들은 불교를 원했다. 하늘을 향해 외치고 피를 뿌리는 의식보다, 죽어도 다시 태어날 수 있다는 환생을 받아들였다. 그렇게 본교는 힘을 잃고 사라졌다. 본교가 초기 티베트 사회의 상장 의례 형성에 의미와 영향을 준 것은 분명하다. 그러나 8세기 인도의 밀교가 티베트로 넘어와 본교를 흡수·통합하고 사회의 주도적인 종교로 인정된 후 티베트 장례문화는 새로운 전환기로 접어든다. 8세기 후반 불교가 흥성한 이후 티베트 사회에서는 화장火葬이 유행하였다. 그러나 척박한 생존 환경 속에서 나무 부족이라는 한계 때문에 누구나 화장을 할 수는 없었다. 종교적으로 추앙받는 라마승이나 경제적으로 어려움이 없는 귀족만이 화장이 허용되었다.[34] 왕이 토장土葬을 하고 선택받은 소수의 수행자만이 화장火葬을 추구한 것에 비해 유목민이나 농부들은 천장을 선택할 수밖에 없었다. 종교적·경제적 특권이 없는 그들에게 불교의 가치관은 질병과 죽음에 대한 막연한 두려움을 해소해주었고 사원의 라마승을 통한 환생의 소망은 사람들에게 만족이라는 기분을 주기 충분했기 때문이다.

천장이 티베트 사회에 정착하게 된 결정적 이유 중의 하나는 토착 종교인 본교를 정치와 종교의 중심에서 밀어내고 불교가 주류 신앙으로 안착했기 때문이다. 불교가 가진 이론과 교의가 티베트의 지식층과 사람들에게 따뜻하게 받아들여졌기 때문이다. 사실 본교의 교의와 모든 종교의식은 살생殺生을 전제로 하는 피의 향연이었다. 본교는 매년 제사를 위해서 적지 않은 양과 소를 잡았으며 물질적 요구가 많았다. 반면 불교는 살생을 금지하고 죽은 자의 영혼을 안전하게 이동시키는 이론적 방법을 제시했다. 국가의 안정된 통치체제와 재정낭비를 걱정한 티베트의 왕과 신하들은 자연스럽게 본교를 밀어내고 불교를 장려할 수밖에 없었다.

천장天葬_티베트의 죽음 의례

제 2 장

고원의 죽음

제 2 장

고원의 죽음

토장土葬: 왕의 장례

티베트고원에서는 언제부터 사람이 살았고 죽음에 대한 의례가 이루어졌을까? 『서장왕통기西藏王統記』와 『현자희연賢者喜宴』에 따르면 티베트인들의 선조는 원숭이다. 바다 속에서 솟구친 산과 산맥이 설산과 빙하로 변하기 전 마지막으로 나무와 잎사귀를 구석구석 만지던 티베트 원숭이는 여섯 마리였다. 그들의 눈빛은 너무도 강렬해서 태양을 오래도록 마주볼 수 있었다. 시간이 지나 이 여섯 마리의 원숭이들은 관세음보살의 도움으로 고원 위에서 가장 위대한 종족이 되었다. 이들이 티베트인들의 선조다. 원숭이에서 인간으로 거듭난 티베트인들의 최초 활동 무대는 얄롱계곡雅礱河谷으로 알려져 있다. 이곳은 오늘날의 티베트 산남山南지역이다. 산남은 티베트 문명의 발원지로 라싸, 시가체日喀则, 다음으로 큰 도시 체탕澤當이 있는 땅이다. 티베트 최초의 불교사원 삼예桑耶寺사원과 궁전 융부라캉雍布拉康이 있고 무엇보다 이 지역은 티베트 왕의 무덤이 있다. 체탕에서 30km 떨어진 곳에 있는 송첸감포松贊干布(617~650)의 릉이 그것이다.

그림 3 송첸감포의 무덤(총계 계곡, 1949년)

　티베트고원에서 토장이라는 묘가 존재했던 시기는 토번吐蕃이다.[1] 이 시기(660~667년)는 송첸감포가 고원의 부족들을 통일하고 막강한 군사력을 키우던 시기였다. 당시 중원은 당조唐朝였는데 토번의 군대가 막강해서 장안長安까지 쳐들어갔다는 그 시기이다. 당시 토번의 세력은 이미 서역을 넘어 서돌궐에게까지 미치고 있었고 663년 5월에는 당과 토번의 완충지대였던 토욕혼吐谷渾의 영토까지 차지하는 막강한 군사력을 가지고 있었다. 심지어 토번은 669년 9월부터 당이 지배하던 실크로드 지역을 공격하기까지 했다. 당은 비로소 사태의 심각성을 깨닫고 토번에 대해 처음으로 강력한 군사 행동에 나섰다. 한반도에 주둔했던 설인귀薛仁貴를 670년 4월, 토번 토벌군의 지휘관으로 임명하여 청해로 이동시켰으나, 같은 해

7월 당군은 대비천大非川에서 토번에 대패한다.[2] 토번의 군사력에 놀란 당 태종은 화친의 전략으로 문성공주를 송첸감포에게 시집보냈다(641년, 당시 문성공주는 24세). 한족의 공주가 고원의 통치자와 혼인한 이 사건은 티베트에 중원의 문화, 특히나 한족의 불교를 처음으로 소개한 계기가 되었다. 당시 문성공주는 독실한 불교 신자로 알려졌는데 티베트로 들어갈 때 불교 서적과 불상을 많이 가져갔다.[3] 그녀는 공물과 함께 한족의 그릇, 패물, 차, 비단은 물론 곡물 3,800종, 가축 5,500종, 각종 장인 5,500명도 함께 간 것으로 전해진다. 오늘날 라싸에 있는 대조사大昭寺도 문성공주의 영향을 받아 건축된 것이다.[4] 이렇듯 이 시기에는 토장이라는 장례 방식이 이루어졌다. 지역적으로는 티베트고원 동부의 금사강金沙江 일대, 임주林周, 임지林芝, 아리阿里 등지에서 그 흔적이 보이는데 얄룽창포雅魯藏布강 중류 지역, 즉 얄룽협곡 일대에서 토장이 집중적으로 발견되었다.[5]

이탈리아의 티베트 학자 투치Giuseppe Tucci(1894~1984)의 저서 『티베트 왕릉 고찰The Tombs of the Tibetan Kings』에 의하면,[6] 오늘날 체탕(총계 평야) 지역에서 지금까지 확인된 티베트 왕들의 무덤은 13좌에 달한다고 한다. 투치는 당시 발견된 왕묘들은 고대 본교의 제사장 지휘하에 건설되고 축조된 것들로 보이며 산 사람活人과 짐승을 모두 함께 묻어버리는 순장의 흔적이 발견되었다고 주장했다. 이는 훗날 토번 왕조 말기에 농민 봉기가 일어나 왕들의 무덤을 파헤치는 과정에서 순장의 증거물들이 나와 그 신빙성을 더해준다.[7]

티베트 체탕 지역은 송첸감포왕의 무덤이 있는 곳으로 유명하다. 그는 티베트 역사상 처음으로 티베트 문자를 탄생시켰고 고원의 통일왕조를 이룬 왕이었지만 불과 서른네 살의 나이로 죽었다. 당시 토번의 위세를 증명하듯 그의 무덤은 룽처럼 거대하게 축조되었다. 기록을 살펴보면, 정방형 내부에 다섯 개의 묘실(房)이 설계되었다. 문은 서남방으로, 가운데 방에는 보석과 황금으로 치장된 왕의 관을 모셨고 그 머리 위의 중앙에는 불상을, 불상 바로 밑에는 산호로 만든 8부 크기의 광명 신光明神을 모셨다. 좌우의 방에는 평소 입고 다니던 갑옷과 황금으로 만든 말과 기사를 부장했다. 그 밖의 방에도 당, 네팔, 페르시아, 천축 서역에서 보내온 진귀한 보석, 비단, 공예품, 도자기 등을 넣었고 말도 같이 순장했다. 당시 토장의 형태와 관습으로 무엇보다 주변 국가와의 관계 속에서 토번과 왕의 위상을 감지할 수 있는 대목이다. 왕의 장례는 3개월간 지속되었고 온 나라 사람들이 모두 머리를 짧게 자르고 얼굴에는 검은 회칠을 하고 검은 옷을 입고 조문했다.[8]

  토장의 풍속은 기원전 9세기 중엽, 토번 왕조의 마지막 왕인 랑다마朗達瑪(836~842)가 독살된 이후로 그 흔적을 찾을 수가 없다. 왕이 피살된 후 정국이 혼란한 틈을 타 노예들이 봉기했는데, 그들은 많은 금은보화가 묻혀 있는 왕실의 무덤을 마구 파헤쳤다. 왕묘가 보기 흉하게 변하자 토장에 대한 인식은 급속도로 차가워졌다. 토번 왕조가 멸망한 이후로 지금까지 티베트에서 토장이 실행된 사례는 찾아볼 수 없다. 오히려 불교가 진입한 후에 토장은 제일 꺼려하는 장법 중의 하나로 전락했다. 전염병, 피부병, 천연두 등의 질병에 걸린 사람들이나 살인범은 다시 태어나지 못하도록 토장시켜 버리는 풍속이 일반화되었기 때문이다.[9]

그림 4 수장은 티베트에서 고아, 과부, 거지, 요절한 사람 등 사회적으로 신분이 낮은 사람들이 행하는 장법이었다.

수장水葬: 아이의 장례

티베트에서 수장은 고아, 과부, 거지, 요절한 사람 등 사회적으로 신분이 낮은 사람들이나 사인이 불분명한 사람들에게 행해진 장법으로, 시신을 강이나 하천가로 옮겨서 사지를 절단한 후 흐르는 강에 던지는 것이다. 어떤 지역에서는 시신을 분해하지 않고 하얀 천으로 감싼 후 강에 던져버리기도 한다. 티베트인들에게 수장을 한다는 것은 죽은 몸을 물에 던져 궁극적으로 자연으로 귀의하고 물고기에게 보시하는 이타利他의 정신이 깃들어 있다.

티베트인들이 거주하는 지역은 넓다. 따라서 일괄적으로 수장을 개념화시킬 수는 없다. 예를 들어 청해성 흥해현興海縣에서는 수장의 대상을

그림 5 티베트 얄롱창포강 유역의 수장터

다음과 같이 분류해놓고 있다. 첫째, 전염병으로 사망한 자, 둘째, 비정상적으로 사망한 자(피살 혹은 객사), 셋째, 요절한 어린아이의 경우다.[10] 같은 지역이지만 옥수티베트자치주玉樹西藏自治州에서는 차이점을 가진다. 이 지역은 요절한 아기 혹은 고아가 죽었을 때 수장을 한다. 티베트의 동부인 암도安多 지역은 전염병 걸린 사람의 수장은 금기시한다. 물을 오염시킨다고 생각하기 때문이다. 사천성 아패티베트자치구阿坝藏族自治区의 탁극기卓克基 일대에서는 어린아이가 죽으면 수장을 한다. 티베트고원의 서쪽 르커저日喀则 라쯔拉孜 지역에서는 장법의 종류를 계절에 따라 결정한다. 예를 들어 여름에 죽으면 수장을 하고 다른 계절이면 천장을 한다.[11] 남자일 경우 남근을, 여자일 경우에는 유두를 잘라 항아리에 담아 집으로 가져와 부근에 묻는 지역도 있다. 유래와 근거는 알 수 없다. 하지만 어떤 방식이든 수장이 끝난 후에는 흰색, 붉은색, 노란색의 천에 망자의 넋을 기리는 글을 적어놓는다. 천은 약 20~35cm 정도의 크기로 양 끝을 끈으로 이어서 약 3m 정도로 만들고 긴 나무 기둥을 세운 후 그 끝에 묶어 놓는다. 깃발을 만들어 고인의 넋을 기리는 것이다.

탑장塔葬: 수행자들의 장례

티베트 사원에서 영적 깨달음을 경험한 수행자(튈구 또는 린보체)가 임종하면 탑장의 방식이 적용된다. 탑장은 본교의 영향을 받아 발전한 것으로 보인다. 본교는 하늘에 대한 숭배가 핵심이다. 따라서 시신을 화장할 때 연기가 하늘 높이 올라가면 영혼이 연기를 통해서 하늘로 온전히 올라갔다고 믿었다. 이 사상이 적용된 장법이 화장火葬이고 탑장이다. 본교의 상장지침서인 『색이미色爾米』의 기록에서, 본교의 스승이 임종하면 화장의 방식을 취하였다는 점, 그리고 남은 유골 가루를 처리하는 과정에서 진흙과 경전 등을 함께 합장하는 방식을 보면 유추가 가능하다.[12] 탑장은 화장의 연장선상에서 말 그대로 화장을 먼저 하고 나서 나머지 부분을 또다시 처리하는 장법이다. 일차 화장을 하고 남겨진 시신의 뼈를 다시 태우는 것이다. 화장은 화공火供, sbying-reg 혹은 비다啤茶라고도 한다. 화공은 불 속에 모든 공양물을 태워 올림으로써 가슴 밑바닥에 도사리고 있던 최후의 감정마저 남김없이 태워 없앤다는 의미를 내포하고 있다.[13]

탑장의 절차는 크게 시신을 소금물로 깨끗이 씻은 다음 건조하게 말리는 것으로 시작된다. 그리고 향료를 몸에 칠한 다음 탑 안에 모시는 것이다. 탑장 안에 안치될 시신은 미라를 만드는 과정과 비슷하다. 소금으로 습기를 처리한 뒤 향료와 약품을 섞어 넣은 진흙을 쪼그라든 몸에 바른다. 이것이 굳으면서 눈이나 뺨, 위胃처럼 움푹 들어가거나 줄어들었던 신체의 모든 부분이 원래의 크기로 다시 채워지는 것이다. 시간이 지나 완전히 마르게 되면 도금해 사원이나 포탈라궁에 모셔둔다.

탑장은 예술적인 건축양식으로 분류되기도 한다. 탑은 화려한 외관과 방부 처리한 몸을 보존하는 내관의 구조를 가진다. 예를 들면 ① 탑좌塔座, ② 탑병塔瓶, ③ 탑찰塔刹, ④ 탑정塔頂 등이 그것인데, 이는 불교에서 인식하고 있는 세상의 구성요소, 즉 토土, 수水, 화火, 풍風의 요소를 대응시킨 것이다. 따라서 탑좌는 흙(토), 탑병은 물(수), 탑찰은 불(화), 탑정은 바람(풍)에 상응된다. 이러한 요소는 상호 통일되며 순환하는 기능을 상징한다.

근대 이전까지 티베트에서 화장은 종교적 권위와 지위를 가진 자들이 할 수 있는 장법이었다. 그들은 화장 후에 드러나는 사리舍利를 남겨 줄 수 있는 존재들이라 간주됐기 때문이다. 한평생 육식을 금하고 수양에 정진해온 티베트의 라마승들은 화장 후에 유골 속에서 사리가 발견된다. 그러나 어떤 수행자는 화장 후에 유골만 남길 뿐 사리는 존재하지 않기도 한다.[14] 탑장의 종류는 금, 은, 동, 나무, 진흙 등 크게 5가지로 나뉜다. 이 중 티베트에서 숭고하게 여겨지는 달라이 라마와 판첸라마와 같은 환생자들의 탑장은 화려한 보석과 황금으로 특별히 제작된다. 탑장은 두 번의 장례 의식, 즉 이차장二次葬이라고도 할 수 있다. 지역에 따라서는 라마탑喇嘛塔이라고도 불린다.[15] 탑장의 목적은 시신의 완벽한 보존을 통한 영속성과 후대에 알림에 있다. 달라이 라마와 판첸라마와 같은 탑장은 매우 특수한 방부제와 의복을 사용하여 보존을 유지하는 것으로 알려져 있다.

라싸의 포탈라궁은 크게 백궁白宮과 홍궁紅宮으로 그 기능이 나누어져 있는데 영탑(탑장)은 홍궁에 안치돼 있다. 그곳에는 모두 여덟 개의 탑이

그림 6 라싸의 포탈라궁. 홍궁 안에 달라이 라마의 영탑이 모셔져 있다.

보존돼 있는데 사리를 보관한 것은 5대, 7대, 8대, 9대, 13대의 달라이 라마 탑이다. 이 중 5대와 13대 영탑은 정교하고 화려하기가 다른 탑들을 압도하는 수준이다. 영탑의 외부를 금으로 도금하는 이유는 색이 오래도록 변하지 않기 때문이며 거룩한 색으로 여겨지기 때문이다. 영탑들의 모양과 생김새는 비슷하지만 크기와 장식된 보석의 가치는 각각 다르다. 수행자의 임종 전 영성과 지위에 따라 그 규모가 달라지기 때문이다.

　탑의 내관에는 진귀한 보물과 소중한 경전이 같이 들어가기도 한다. 포탈라궁에 안치된 탑들 중 제5대 달라이 라마의 영탑 규모가 가장 크고 화려한 것으로 알려져 있다. 기록에 따르면, 그의 영탑 내관에는 패엽 경전인 『시륜주소時輪注疏』의 일부, 연화생蓮花生이 즐겨 읽던 『십만송약경十萬頌若經』, 손으로 필사한 『오부잠언五部箴言』, 대장경인 『칸규르甘珠爾, Kangyur』, 종카바宗喀巴 대사의 경전 38권, 그리고 1대, 2대, 3대, 5대 달라

그림 7 티베트에서 탑장은 영적 수행이 풍부한 수행자가 임종하거나 달라이 라마와 판첸라마 같은 환생자들만이 할 수 있는 장법이다(티베트 라싸 소재).

이 라마가 즐겨 보던 경전 등이 같이 들어가 있는 것으로 알려져 있다.[16] 높이가 20여 m에 사용된 황금만 11만 냥으로 알려졌다. 탑에 장식된 보석은 1만 8,000개에 이른다. 이보다 높이는 좀 낮지만 제13대 달라이 라마의 영탑도 보는 이를 압도하기에 충분한 규모다. 1933년에 시작되어 1936년에 완성된 이 영탑은 높이가 14m에 약 2만 냥의 황금이 소요되었다고 한다. 20만 가 이상의 진주로 장식되어 진주탑珍珠塔이라는 별칭도 있다.[17] 외관으로 보면 화장과 탑장은 비슷한 과정과 형식을 취하고 있지만 티베트인들은 영탑을 유독 경외하고 신성시한다. 오직 달라이 라마와 판첸라마와 같은 위대한 환생자만이 할 수 있는 장법이기 때문이다.

제 3 장

———

천장

제3장

천장

나무

포탈라궁 벽화 속에 재현된 고대 티베트의 왕 네치첸포는 범천梵天의 아들로 그려져 있다. 그는 무지개를 타고 하늘에서 내려와 티베트고원의 왕이 되었고 죽을 때가 되어 밧줄을 타고 다시 하늘로 올라갔다. 그로부터 고대 티베트의 왕은 모두 무지개를 타고 내려와 죽을 때가 되면 밧줄을 타고 하늘로 올라갔다고 전한다.[1] 하늘에 대한 숭배, 티베트의 천장은 여기로부터 시작됐다고 볼 수 있다. 티베트에서 천장은 풍장風葬 또는 조장鳥葬이라고도 불린다. 새와 연관짓기를 좋아하는 사람들은 조장이라고 하지만 초원에 사는 유목인들은 풍장이라는 용어를 사용하기도 한다. 계절에 따라 이동 생활을 해야 하는 유목민들에게는 바람이 중요하고, 그래서 풍장이라는 장법이 편하다. 고정된 묘지가 무의미하고, 얼어붙은 땅을 파는 일이 어려웠기 때문이기도 하다. 티베트 북쪽 나취那区 지역에서는 야장野葬이라고도 한다. 시신을 들판에 버리고 짐승들의 먹이로 주기 때문이다.[2] 지역과 환경에 따라 장법은 차이를 보이지만 고원의 티베트는 천장의 보편화가 이루어졌다. 그 이유에 관하여 데이비드 맥도널드David Macdonald는 『티베트에서의 20년Twenty years in Tibet』에서 다음과 같이 기록했다.

티베트인들이 겨울에 무덤을 파야 한다면 문제에 직면할 것이다. 불을 피워서 땅을 녹여야 하는데 나무가 부족하기 때문이다.[3]

티베트는 산과 호수가 많은 지형적 특성을 보유했지만 고원 지대의 토양 성질상 식물의 성장을 원활히 촉진하지 못한다. 따라서 식물의 발육과 성장은 지역별로 차이를 보인다. 유목민들이 야크의 배설물을 연료로 쓰고 있는 이유도 여기에 있다. 이렇듯 천장은 자연환경과 밀접한 관련을 맺고 있다. 여기에 불교의 핵심 사상인 '윤회'와 '환생'이 정신적 배경으

그림 8 티베트 초원에서는 0:크의 똥으로 연료(나무)를 대체한다.

로 작용한다. 사람은 죽어 몸은 사라지지만 영혼은 환생을 통해 연속한다는 믿음이 천장을 선택하게 만드는 것이다. 믿음이 있기에 시신을 독수리에게 주어도 개의치 않는다. 오히려 독수리가 망자의 영혼을 좋은 곳으로 데려다주길 기도한다. 그들에게 독수리[4]는 공행모空行母의 화신으로 여겨진다. 호랑이도 죽으면 자기 몸을 다른 동물에게 주는데 인간의 몸 또한 다르지 않다는 생각이다. 나무의 부족, 윤회와 환생의 불교관, 영혼의 환생, 껍데기에 불과한 몸, 이런 티베트식 가치관의 조합은 천장이라는 의례를 만들었고 망자의 가족들에게는 기쁜 환생을 기원하는 작별의식을 제공했다. 그러면서 자신들이 사람의 집이 아닌 새들의 둥지에서, 피부가 아닌 비늘로 숨을 쉴 수도, 눈과 코가 달린 얼굴이 아닌 녹색의 잎사귀로 태어날 수도 있다는 것을 받아들였다.

유래

제사와 구원 의식을 추구하는 본교에서 윤회와 환생을 믿는 불교로 전환한 티베트인들은 죽음에 대한 인식과 의례도 바꾸었다. 즉 죽기 전까지 쌓아올린 죄를 용서받고 내생의 환생을 기원하는 죽음 의식, 천장을 원하게 된 것이다. 그들은 천장을 죽음의 그림자라고 생각했다. 그림자는 슬픔과 고통이 들어오더라도 아프지 않기 때문이다.

지금까지 전해진 천장의 유래는 네 가지 정도다. 인도 전래설印度来源說,[5] 본토기원설本土起源說, 원시천장原始天葬에서 사람의 천장人為天葬, 그리고 중앙아시아에서 흘러온 장법[6]의 영향을 받았다는 설이다. 중국학자 훠웨이霍魏는 티베트 천장의 기원을 고대 페르시아 제국의 장례에서 영향을 받은 것으로 주장하기도 한다. 그는 지리적인 접근성을 강조한다. 즉 고대 페르시아 제국은 티베트의 상웅象雄 왕국과 인접하고 있던 관계로 중앙아시아 지역, 특히 페르시아(고대 이란)와의 문화적 연계와 교류가 잦았다는 것이다. 따라서 문화교류와 함께 페르시아의 배화교가 티베트에 전래되었고, 그럼으로써 배화교에서 성행했던 죽음의례가 티베트에 전래되었던 것으로 추정한다. 요컨대 배화교에서 추구하는 장례 의식이 티베트의 천장과 유사점이 있다는 것인데 예를 들면 전문적인 천장터가 존재했다는 것이다. 페르시아는 이를 적몰탑寂沒塔이라 했고 티베트에는 '천장 대'라고 불렀다.

침묵의 탑으로 불렸던 적몰탑은 내부는 편편하고 한가운데에는 구덩이가 있으며 각각의 돌탑은 중심을 향해서 세 개의 구역들로 이루어졌다. 이 구역들은 구멍이 있어서 맨 바깥 구역에는 남자들이, 중간 구역에는 여자들이, 그리고 중앙의 구덩이에서는 아이들의 시신이 처리됐다. 또 적몰탑과 티베트의 천장터는 모두 바람이 잘 부는 높은 언덕에 존재한다는 공통점이 있었다. 그래서인지 시신은 새(독수리)의 먹이가 되었다. 양자 모두 전문적으로 시신을 처리하는 사람이 존재했다는 점도 있다. 이런 점을 들어 일부에서는 인도와 티베트의 장례 의식이 모두 페르시아의 배화교에서 영향을 받았다고 주장하기도 한다.

티베트에서는 인도에서 전파되었다는 설을 전한다. 다음과 같은 이유 때문이다. 11세기 말 인도의 승려 딴바쌍지에丹巴桑結, dam-pa sangs rgyas가 현顯·밀종密宗에 통달하여 티베트로 들어왔다. 그는 티베트의 장남藏南과 후장后藏 일대에서 그 교세를 펼치며 제자들을 받아들였다. 1097년 그는 마침내 딩르定日 지역에서 사원을 건립한다. 그의 임종 후 제자들은 희결파希解派, zhi-byed-pa를 만든다. '희결'은 "능히 잠들게 하다"의 뜻이 있다. 이 종파는 훗날 티베트 불교 종파의 한 계보로 받아들여졌으나 교학과 전통을 계속 이어가지는 못했다. 종파의 세력을 보호하고 키워줄 지방 정치세력을 확보하지 못했기 때문이다. 결국 15세기 초에 이르러 이 종파는 사라지게 되었으며 승려들은 다른 종파로 보금자리를 옮겼다. 이 과정에서 인도에서 천장 문화가 전파됐다는 것이다.[7] 그러나 시간이 지나면서 학자들은 세 번째 주장인 자연 발전설을 주목하기 시작했다. 즉 고대 티베트의 토착 종교인 본교가 초기 상장의식의 형성을 주도했고 8세기 불교가 티베트에 정착한 후 천장이 체계적인 의례 형식과 이론을 갖추고 발전했다는 것이다. 사실 처음 티베트인들의 시체 처리방식은 자연천장自然天葬이었다. 말 그대로 어떠한 사상과 절차 없이 시신을 산과 들에 버려 동물의 먹이가 되게 하는 것이었다. 그러다가 본교가 추구하는 죽음 의식을 받아들였고 8세기 인도에서 불교가 들어오면서 천장으로 전환하게 된 것이다.

의례

티베트에서는 유목민이든 농부이든 사람이 임종하면 먼저 시신을 조용한 실내로 옮기고 가족이나 지인들이 방을 지킨다. 고인의 방을 지키는 임무를 담당하는 사람들을 찰사察叺라고 하는데 그들은 망자의 영혼이 상처받지 않게 3일 동안 등燈이 꺼지지 않는 책임을 맡는다. 3~4명으로 구성된 이들은 순번을 정해 방을 지키며 고인의 영혼이 흔들리지 않고 중음中陰의 세계로 이동하기를 기도한다. 중음의 세계, 그곳은 '바르도'라 불렸는데 죽은 몸에서 나온 영혼이 49일 동안 머무는 곳이다. 가족의 요청으로 인근 사원의 라마승이 오면 시신의 상태를 확인하고 누워있는 자세를 다시 잡는다. 머리는 서쪽을, 다리는 동쪽을 향하게 한다.[8] 시신의 혀 밑에 진단津丹이라는 환약을 넣기도 한다. 티베트 의학에 따르면, 인간의 몸은 내기內氣와 외기外氣로 나뉘는데 죽음에 이르면 내기는 단절되지만 외기는 여전히 열려 있다는 것이다. 이때 이 환약을 복용하면 고인의 의식을 편안하게 유도할 수 있다고 한다.[9] 그 사이 유족들은 장례 절차를 준비하면서 라마승에게 『바르도 퇴돌』의 독송을 요청한다. 자신이 죽었는지도 모르고 여전히 생에 집착하는 영혼을 달래기 위함이다.

처음 임종에서 3일의 시간이 제일 중요하다. 이때 망자가 윤회에서 벗어나는 해탈이 이루어질 수도 있기 때문이다. 이 시간 동안 독송자(라마승)는 망자의 귀에 대고 『바르도 퇴돌』을 읽어주는데 코에서 피가 흘러나오거나 목이 비스듬히 기울어지면 그건 혼이 온전히 몸에서 나갔다는 신호로 여긴다. 그 사이 유족들은 라마승과 상의하여 출빈出殯 날짜를 정한다.

그림 9 시신을 옮겨온 유족들. 천장을 하기 전 사원에 보시할 물품들(초, 소금, 옥수수, 양탄자, 하다, 신발 등).

시신의 운반은 임종 후 3일이 지난 다음 날 새벽에 진행된다. 끈으로 시신을 묶어 앉아 있는 자세(엄마 뱃속의 태아 상태)로 만든 다음 흰 천으로 몸을 감싸고 이불 또는 모포로 다시 둘둘 만다.[10] 이때 시신을 묶는 줄은 삼베 줄이 좋다. 시신을 업기 편하고 쉽게 풀 수 있으며 태울 때도 냄새가 심하지 않기 때문이다. 털이 달린 끈으로는 묶지 않는다. 털이 고인의 환생을 방해한다고 믿기 때문이다. 장례의 장소(천장터)가 먼 경우에는 오토바이나 트랙터에 실어 나르기도 하지만 보통은 마을의 청년들이 번갈아가며 어깨에 메고 간다. 운반된 시신은 천장터 중앙의 커다란 돌 앞에 안치된다. 간혹 저명한 사원에서 천장 의식을 하게 되면 하루 정도 사원의 영험한 방이 있는, 즉 환생자의 방이거나 영적 수행이 높은 활불이 사용하던 수행처이기도 한 그곳에 시신을 하루 정도 안치하기도 한다.

필자는 실제로 그런 광경(시신을 사원 안의 특정한 장소에 두고 하루를 기다리는)을 목격하고 관찰한 적이 있다. 2004년 필자는 직공사원直貢替寺에서 천장 의식을 기다리던 중이었다. 오후에 한 구의 시신이 올라왔는데 곧바로 옮겨졌다. 그곳은 사원 안쪽에 마련된 라예티拉耶替라고 써진 밀실의 앞마당이었다.

필자: 이곳에 시신을 두는 이유가 있나요?

라마승: 이곳은 성스러운 장소입니다.

필자: 무슨 의미인가요?

라마승: 이곳에 시신을 하룻밤 놓고 내일 아침 천장대로 옮기는 이유는 이 방이 현생의 악업을 끊어주는 문斷滅生往惡趣之門이기 때문입니다.

필자: 어떻게 그럴 수가 있죠?

라마승: 이 방은 우리 사원의 역대 법왕直貢法王들이 경전과 교법을 설파

그림 10 천장이 시작되기 전, 사원에서는 유족들이 보시한 물품을 확인하고 나팔과 진언의 소리로 공기를 정화한다.

하던 성스러운 장소이기 때문입니다.

다음날 새벽, 시신이 천장터로 옮겨지면 유족들은 현장에 미리 도착해서 차茶를 준비하고 향香도 피운다. 야크 배설물에 불을 지핀 다음, 쌀, 보리, 겨를 불 위에 뿌려 짙은 연기를 발생시키는데 이는 시신의 냄새를 분산시키는 효과가 있다. 냄새를 맡고 독수리가 날아오기도 한다. 천장 의식이 시작되기 전, 사원 소속의 라마승이 시신의 주변에 앉아 북을 치고 나팔을 불며 의식을 고양한다. 10분 정도의 나팔불기(공기정화)가 끝나면 곧바로 천장이 시작된다. 이때부터는 모두가 긴장하고 조심해야 한다. 떠드는 소리나 울음소리로 망자의 영혼에 영향을 끼치면 안 되기 때문이다. 누구도 말을 해서는 안 되며 천장사(돕덴)의 지시를 따라야 한다. 천장은 수행과 경험이 풍부한 사원의 돕덴(천장사로 지정된 라마승)이 시작과 끝을 책임진다. 그는 사원에서 수행하는 라마이기도 하지만 죽음에 대한 성찰과 시신 처리에 관한 전문성을 가진 장의사이기도 하다. 그는 평소에는 사원에서 개인 수행에 집중하지만, 시신이 오면 사인을 판별하고 천장을 맡는다. 그는 사원에서 전해지거나 스승이 알려준 해부학 지침서들, 예를 들면 『시체부분屍體部分』, 『활체 및 시체 측정活體及屍體測量』, 『사부의전四部醫典』, 『남유리藍琉璃』, 『해부명등解剖明燈』, 『사부의전 걸이그림四部醫典系列掛圖』 등을 매일 학습한다. 이 책들은 불교의학서들이다. 따라서 의학적 지식을 체계적으로 설명하고 있지만 중요한 것은 개인의 깨달음과 실천을 강조한다.

티베트인들이 천장을 원하는 가장 큰 이유는 영혼의 순환과 환생에 대한 믿음 때문이다. 티베트에서는 호흡이 멈추면 의식이 사라지지만 몸의 소멸은 그때부터 시작된다고 생각한다. 즉 49일 동안 몸은 3단계를 거쳐 순차적으로 소멸 또는 붕괴의 과정을 가지게 된다는 것이다. 이때 깨달음을 얻어 환생이 결정되는 사람도 있고 한동안 뇌파가 정지된 상태로 있다가 다시 살아난 사람들도 있다. 그리고 그들은 한결같이 뇌가 정지된 상태로 있는 동안에도 이런저런 체험을 했노라고 증언한다.[11] 티베트에서는 여기서 한 발 더 들어가 '영혼'이라는 보이지 않는 세계를 이야기한다. 영혼의 실체를 어떻게 알 수 있을까? 영혼의 주체는 무엇일까? 눈에 보이는 현상만을 믿어온 사람들에게는 너무도 비현실적인 이야기일 것이다. 하지만 티베트의 라마승들은 오래전부터 영혼에 대해 깊은 사유를 해왔다. 티베트 사원에서 만난 라마승은 영혼을 이렇게 말했다.

세상에 공짜는 없습니다.
모든 것은 다 빌려온 것입니다.
생각해봐요.

목소리는 귀耳에 빚을 졌고,

냄새는 코에 감사해야 하며,

눈은 세상의 빛과 어둠에 고마워해야 합니다.

그러므로 우리는 공짜로 얻은 그것들의 대가로

몸을 고스란히 내놓아야 하며

죽음을 받아들여야 합니다.

누구나 때가 되면,

심장을 반납해야 하며

간도 돌려주어야 합니다.

물론 쭈굴해진 손가락과 발가락도 마찬가지입니다.

털과 피부도 세상에 돌려주어야 합니다.

발톱과 손톱, 머리카락 한 올도

영원히 간직할 순 없습니다.

우리는 빈털터리가 되어야 합니다.

하지만 돌려주지 않아도 되는 유일한 것이 있습니다.

영혼입니다.

　그의 말에 따르면 망자의 영혼은 라마승의 도움으로 정수리나 코로 온
전히 나갈 수 있다. 죽음이 임박하거나 죽으면 그렇게 될 수 있는데 그건
영적 수행이 깊은 린보체(영적 수행이 깊은 라마)의 도움으로 가능하다. 이때
몸에서 나온 영혼은 바람직한 상태로 환생할 기회를 얻는 것이다. 영혼의
이동으로 다시 태어난다는 환생설은 구체적으로 눈에 보이는 숫자와 통

계를 내놓아야 수긍하는 사람들보다 티베트인들에게 깊게 뿌리박혀 있다. 삶의 조건이 연약하고 물질적 토대가 빈약할수록 종교적 순수성은 신앙이 되기 때문이다. 따라서 티베트인들이 원하는 천장의 시작과 끝은 죽음에 대한 두려움과 영혼에 대한 믿음으로 이루어진다고 볼 수 있다. 보이는 몸은 껍데기에 불과하고 보이지 않는 영혼이 알맹이라는 확신이 있기 때문이다.

새

박하선 작가의 『천장天葬』 사진집에서는 시신을 쪼아먹는 새를 다음과 같이 설명한다.[12]

새를 통해 영혼을 하늘로 보낸다는 종교적 의미를 담고 있는 조장(천장)은, 영혼이 떠난 몸이란 앞날의 윤회에 도움이 되지 않는 쓸모없는 것에 불과하다는 티베트인의 죽음과 영혼에 대한 가치관을 담고 있는 장례의식입니다. 어쩌면 건조하고 한랭한 땅에 묻거나, 물에 흘려 보내거나 나무를 구해 화장하는 것이 어려운 자연환경으로 인해 생겨난 문화일 수도 있겠지만, 중요한 것은 조장이 그들의 삶에 깊이 배인 불교문화가 고스란히 담긴 죽음의 의식이라는 점입니다. 티베트에서 보시라는 행위는 그들의 일상인 것이지 특별한 의미를 갖는 종교적인 행사는 아닙니다. 그래서 떠나는 자는 선택이나 갈등의 여지도 없이 새들이 쪼아 먹기 좋도록 남은 뼈와 잔해물까지 곱게 빻아 모든 것을 고스란히 내놓습니다. 망자를 새들에게 보내는 그 순간은 참혹하고 황량하며 쓸쓸하기도

합니다. 하지만 어느 죽음인들 쓸쓸하지 않을 수 있겠습니까. 죽음을 두
려워하지 않는 사람들, 티베트인들에게 있어 산다는 그 자체가 순례이
며, 머물지 않는 바람과도 같습니다. 그래서 그들이 사는 현재의 시간은
영원으로 통하는 시간이며, 바람으로 새에게로 뿌려지는 조장은 바로
영혼이 영원의 시간으로 들어가는 하나의 문이 됩니다. 그러하기에 조
장의 자리에는 슬픔보다는 엄숙함과 경건함이 흐르고 있습니다.

티베트인들에게 새, 히말라야의 독수리는 신령스러운 동물이다. 독수
리는 하늘을 날 수 있는 동물이며 환생의 전달자로 인정되기 때문이다.
중국학자 초치평焦治平은 『티베트의 상장풍속을 논함論藏族的喪葬風俗』에서
티베트의 독수리를 다음과 같이 소개했다.[13]

티베트에서 시신을 처리하는 가장 보편적인 방법은 몸을 토막내 들에
버려서 독수리에게 먹이는 것이다. 이유는 토장은 땅이 얼어붙어 파기
어렵고, 화장은 나무가 부족하기 때문이며, 수장은 마시는 물을 오염시
키기 때문이다. 그래서 라싸 주변의 고원과 외곽의 산골에는 마땅한 곳
을 지정하여 천장天葬을 하게끔 하고 있다. 독수리는 죽어 부패하거나
썩어가는 동물도 먹는다. 독수리는 동물의 시체를 날것으로 먹을 뿐만
아니라, 뼈까지도 씹어 삼킬 수 있는 발톱과 부리를 가지고 있다. 소화
능력도 좋다. 독수리가 시신을 먹고 하늘을 날다 배설을 하면 그 배설의
장소는 새로운 생명의 윤회와 환생을 의미한다. 따라서 독수리는 불멸
을 상징하는데 죽음의 시기가 오면 스스로 태양을 향해 날아가 자신의
몸을 태운다고 한다. 티베트인들이 독수리를 환생의 매개자로 선택하는
이유다.

기록에 따르면, 독수리는 천응天鷹이라 표시된다.[14] 천응은 두 종류로 분류되는데 백색과 흑색의 그것이다. 흑색의 독수리는 thaug-nag라 하며 백색의 독수리는 thaug-dgar이라고 불린다. 티베트고원에서는 일반적으로 흑갈색의 독수리를 더 많이 볼 수 있다. 천응에 관련된 고사나 천응의 상징적 문양의 흔적은 티베트 곳곳에 새겨진 그림이나 글자에서 발견할 수 있다. 불교사원 입구 주변에 쌓아 올린 마니석瑪呢石, 산 정상에서 펄럭이는 풍마기風馬旗, 사원벽화에 새겨진 그림에서 천응은 종종 발견된다. 사원에서 탱화를 그리는 라마승에게 물은 적이 있다.[15]

이 높은 곳에 새가 살아요?
라마승: 사자를 본 적 있나요?
네. 동물원에서요.

라마승: 그럼, 사자가 어떻게 죽는지 알지요?
아니요. 본 적 없어요.

라마승: 사자는 다른 동물들을 잡아먹고 살지요.
그럼요. 사슴이나 영양 같은 것들요.

라마승: 그런데 사자가 늙어 힘이 없어지면 굶어 죽어요.
그렇겠지요.

라마승: 용맹하던 사자도 이빨이 빠지고 다리에 힘이 없어지는 거지요.
네.

라마승: 그러다 결국 쓰러져 숨을 헐떡거리며 죽으면 다른 동물들이 다가와 사자를 먹습니다.

먹어요?

라마승: 세상의 모든 동물은 다른 동물을 먹다가 결국 자신도 다른 동물의 먹이가 됩니다.

그렇겠지요.

라마승: 사람도 마찬가지입니다.

같다고요?

라마승: 사람도 껍데기를 가진 동물에 불과합니다.

그렇군요.

바람

고대 티베트인들의 사유 체계를 보여주는 신화와 전설 모음집 중에 『창세가創世歌』편은 천장의 문화와 깊은 관련을 맺고 있다. 창세가는 티베트 암도 지역에서 유행하던 일종의 천지개벽 신화다. 거기에 따르면, 최초의 세상은 지地, 수水, 화火, 풍風으로 구성되어 있다고 전제하면서 세상의 네 가지 힘을 소개한다.

토土의 형태는 사방형이고,

토의 색깔은 황금색이고,

그것의 요소는 남목우藍木佑다.

수水의 형태는 원형이고

수의 색깔은 백색이고

그것의 요소는 감목우坎木佑다

화火의 형태는 삼각형이고

화의 색깔은 홍색이고

그것의 요소는 염목우染木佑다.

풍風의 형태는 부채 모양이고

풍의 색깔은 청색이고

그것의 요소는 연목우煙木佑다.

『창세가』의 「斯巴達義」 중에서[16]

　여기서 말하는 토, 수, 화, 풍은 인간의 몸과 마음을 규정하는 구성물
이다. 토는 골육骨肉, 수는 혈액血液, 화는 열기熱氣, 풍은 호흡呼吸을 말한
다. 따라서 화장火葬은 가장 빠르게 인간의 육신을 분해하여 자연으로 돌
아갈 수 있는 장법이다. 토장은 몸을 흙의 원소로 되돌리는 것이고 수장
은 물의 원소로 되돌리는 것이다. 화장은 자연으로 돌아가는 가장 빠른
방법이지만 티베트인들은 천장을 선호한다. 불보다는 바람을 좋아하기
때문이다. 바람은 하늘로 가장 빠르게 갈 수 있는 조건이기 때문이다. 티

천장天葬_티베트의 죽음 의례

베트고원은 항상 바람이 분다. 따라서 티베트인들은 바람에 자신들의 소망을 실어 하늘에 날려 보내는 의식을 좋아한다. 고원 곳곳에서 볼 수 있는 오색 타르쵸가 그것이다.

바람은 천장에서 중요한 요소다. 시신의 냄새와 밀접한 관련을 맺고 있기 때문이다. 유족의 조용한 탄식과 시신의 냄새는 바람에 태워 날려보내야 한다. 땅에 달라붙은 피의 얼룩도 마찬가지다. 바람은 망자의 이름이나, 성별, 사망 원인, 죽음에 이르게 된 상황이나 나이를 묻지 않는다. 다만 죽음을 기억할 뿐이다. 따라서 시신을 해부하는 장소는 반드시 바람이 와야 한다. 티베트에서 바람이 잘 불기로 유명한 천장터는 두 곳으로 알려져 있다. 라싸에 있는 즐궁直貢사원[17]과 상예桑揶사원[18]이다. 기록을 살펴보면, 13세기 말 즐궁카규파直貢噶擧派와 싸갸파薩迦派 간의 종교적 다툼이 있었다.[19] 결론은 1290년 싸갸파의 승리로 끝났다. 이로 인해 카규파는 라싸에서 사라지고 외곽으로 밀려나게 된다. 이를 두고 티베트 역사에서는 '린뤄林洛(사원의 참변)'라고 한다.

종파 간의 경쟁에서 밀려난 캬규파는 비록 라싸 외곽으로 밀려났지만 오늘날까지 그 종파가 가지는 영향력은 대단하다. 위대한 환생자 계보를 지키고 있기 때문이며 무엇보다 이 사원이 보존하고 있는 천장터 때문이다. 즐궁사원이 보유하고 있는 천장의 장소[20]는 오랜 역사적 전통과 그 규모를 온전히 유지하는 곳으로 유명하다.[21] 무엇보다 이곳의 장점은 오랜 영적 전통을 유지하고 있다는 점과 시신의 처리 후 청결함을 유지한다는 것이다. 사실 시신 해부의 가장 큰 문제점은 위생 문제, 즉 냄새를 해결해주어야 한다는 것인데 현지 사정은 그렇지 못하다. 예를 들어 중국 감숙성甘肅省의 라부렁拉ト楞사원[22] 천장터는 악취가 너무 심해 환경문제로까지 번지고 있다. 천장을 하는 장소에 바람이 필요한 이유다.[23]

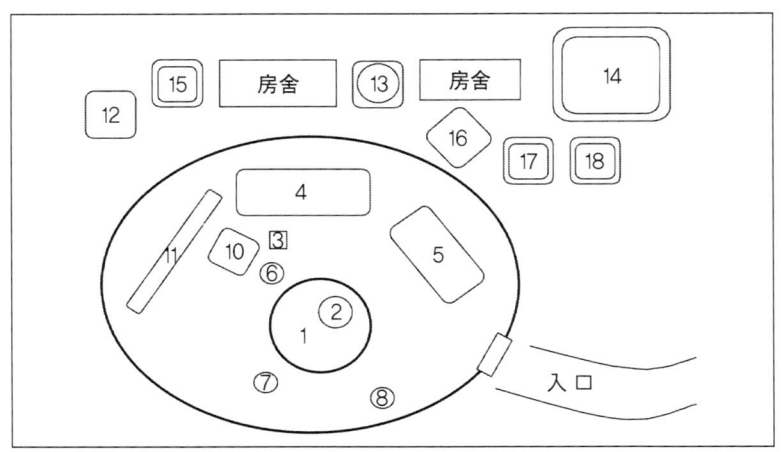

그림 11 즐궁사원 천장터의 전체 모식도. 필자는 즐궁사원에 머무르는 동안 매일같이 천장터를 방문 관찰하였다. 사원 측의 엄격한 통제와 감시 때문에 현장의 생동적인 모습을 사진과 동영상으로 촬영하기 힘들었다. 어쩔 수 없이 현장의 전체 풍경을 머릿속에 기억해두었다가 밤마다 라마승의 도움을 받아 가며 모식도를 완성하였다.(필자의 박사학위 논문 참조)

1. 丹沿: 해부의 주요 제단
3. 인도로부터 날아 온 전설 속 개狗 발자국
5. 초대 즐궁사원 법왕法王 - 顚津尼瑪(런보체)의 발자국 흔적
6, 7, 8, 9. 반월형 홍색의 돌 더미 제단
11. 마니돌瑪呢石더미
13. 欽烈南杰 활불의 사리탑 - 1층
15. 涅頓仁波切 활불의 사리탑 - 1층
17. 才旦仁波切 활불의 사리탑 - 1층

2. 주술의 문구가 박힌 돌 제단
4. 신단神壇
10. 향로香爐
12. 알 수 없는 돌 제단들
14. 巴瓊仁波切 활불의 사리탑 - 1층
16. 卻甲仁波切 활불의 사리탑 - 1층
18. 洛赤巴 라마승의 사리탑 - 1층

　즐궁사원의 천장터는 좀 특별하다. 천장터 뒤편으로 난 작은 길을 올라가면 작은 동굴을 발견할 수 있는데 거기에는 활불(런보체)의 미라가 보관돼 있기 때문이다. 동굴 안쪽에 진열돼 있는 활불의 미라는 세월이 흐를수록 그 가치가 더욱 특별하게 무르익는 최상급의 그 무엇과 같은 진귀함을 뽐내고 있다. 흰 천으로 감싼 미라는 얼굴을 앙상한 해골로, 몸을 뼈대로 변하게 하는 파괴적인 작용 따위에는 개의치 않는 것처럼 보인다. 오히려 시신이 수축하고 썩어가면서 더 높은 질서로 승화되어, 부패한 시체라는 혐오보다는 위대한 인간의 미라와 같은 존재로서 경외감과 존경

천장天葬_티베트의 죽음 의례

그림 12 즐궁사원 해부터 전경. 해발 4,800m에 자리하고 있어 바람이 잘 분다.

심을 자아낸다. 즐궁사원[24]은 해발 4,800m에 있음에도 불구하고 중국 내륙에서도 시신이 온다. 그곳을 지키는 담당자는 가끔 해외에서 망자의 머리카락과 유골, 손톱을 보자기에 싸서 보내온다고도 했다. 필자는 믿기지 않아 그에게 인터뷰를 요청했다.

　믿기 어렵습니다.
　라마승: 그럴 겁니다.

　당신은 이곳에서 매일 올라오는 시신과 시신 해부를 목격하는 건가요?
　라마승: 그런 셈이죠.

　이곳에는 어떻게 온 거죠?

라마승: 7살 때, 엄마가 데려왔어요.

무섭지 않았나요?
라마승: 처음에는요.

어떻게 극복했죠?
라마승: 극복은 없어요. 참는 겁니다. 울며 무서워하며 참다 보면 두려움은 사라지기도 하고 또 나타나기도 하고요.

지금은 어떤가요?
라마승: 익숙해졌어요.

마음이 편해졌다는 말인가요?
라마승: 내가 이곳에 올라오고 일 년이 지난 후에 스승님이 정해졌는데 그 스승님은 나를 본 첫날 이렇게 말했어요. "그래, 여기가 설산 아래 그곳이란다. 얼음산들이 앞다투어 태양을 향해 달음질치고 있지. 눈은 서서히 녹는 중이지. 무서울 게야. 무료하고 자극이 없는 하루. 그러므로 여기서는 순간이 중요함을 알아채야 한다. 내일보다는 오늘이 잠시 후보다는 지금의 소리, 냄새, 관계, 기억, 감정이 소중함을 알아야 한다." 그러면서 이런 말씀도 해주셨죠. "인간이라는 존재가 개별적인 삶을 자각하는 것은 고통을 통해서다. 그리고 그 고통이 죽음의 징조라는 것을 알게 되면 비로소 그 고통은 사라진다. 하지만 자신의 개별적인 삶을 완전하게 자각하는 것은 거짓말을 매개로 할 때이다. 죽음이 다가왔다는 것을 알게 되면 인간은 그때야 비로소 거짓말과 허영을 멈추고 기도를 하게 된다. 작은 위안은 되겠지만, 그것도 희

망이 될 수 없기는 마찬가지임을 알면서도 말이다."

라마승: 내가 어렵다는 표정을 지었지만, 스승님은 개의치 않고 말을 이어갔어요.

"죽음은 신이 있을 때와 신이 없을 때 그 부정의 강도가 달라진다. 신이 있는 죽음은 약속된 다음 세상이 이 세상에 대한 애착을 많이 줄여주고 극단의 경우에는 스스로 다가가려는 열망까지도 일으킨다. 그러나 신이 없는 죽음, 허무밖에 기다리는 것이 없는 죽음은 오직 삶의 부정으로만 나타난다. 신이 없는 죽음은 죽음에 수반되기 마련인 고통, 어떤 형태의 고통이든 그 고통은 죽음을 더욱 두렵고 피하고 싶은 그 무엇으로 느끼게 한다. 고통이 아직 적극적으로 그 양상을 드러내기 전에는 죽음 뒤의 허무가 괴롭힌다. 그러다가 다시 죽음은 고통 때문에 더 혐오스럽고 두려운 것으로 변해간다. 죽음은 고통과의 투쟁이란 양상으로 전개되는 것이다. 그러나 신기하게도 죽음에 순응하게 만드는 것 또한 그 고통이다. 자신보다 더 고통스럽게 죽어간 사람들의 기억에서 위로를 찾던 사람들은 결국 죽음은 바로 그 괴로운 과정을 끝내게 해주는 어떤 상태로 받아들여 비로소 저항 없이 죽어간다."

라마승: 스승님의 말씀은 어렵고 그래서 이해하지 못했지만, 오 년 후 나는 이곳을 지키는 책임자가 되었습니다.

이곳을 왜 지켜야 하죠?
라마승: 시신을 해부하고 천장 의식을 한날 처리하지 못한 해골, 그러니까 해골을 이곳에 하루 정도 남겨두는 경우가 있는데 밤에 누군가 훔쳐가는 일이 생겼어요. 난처한 일이 생긴 거죠. 그래서 사원에서는 이곳을

그림 13 즐궁사원. 해부 장소는 사원 뒤편에 있다. 하늘에 떠 있는 독수리들.

밤에도 지켜야 한다고 생각했고 스승님이 나에게 권유했죠.

저 아래 세상, 그러니까 저같이 죽음에 무관심한 사람들에게 해주고 싶은 말이 있다면요?

라마승: 사람들이 원하는 것들은 따지고 보면 결핍과 부족에 대한 욕구일 겁니다. 가지고 싶은 것을 채우면 만족감이, 아니 어쩌면 우월감이 생길 거라고 믿는 겁니다. 무언가를 쫓아다니는 사람에게는 맞는 말일 겁니다. 그런데 정말 갖고 싶은 것이 그게 무엇이든 얻어지면 마음이 어떨까요? 사람마다 다를 겁니다. 확실한 건 아침에 눈을 뜨면 이생의 하루는 줄어든다는 겁니다. 그만큼 죽음은 다가온다는 것이죠. 죽음을 생

각하는 하루와 그러지 못한 하루는 차이가 있습니다. 만약, 내일 아침 당신이 깨어날 자신이 있다면 행복의 기준을 마음대로 정해도 됩니다.

돕덴

세상에 천장이 소문이 나면서 사람들의 관심은 도대체 누가 시신의 몸을 해부하는가였다. 티베트에서는 그를 돕덴이라고 부른다. 그의 해부 학습과 경험 그리고 도덕성은 유족들이 천장을 선택하는 기준이 된다. 반면 사원의 라마승이면서 장의사인 그는 시신 해부를 수양의 한 방편으로 생각한다. 즉 시신을 다루는 고통스러운 행위가 타인을 위한 몸의 기도라고 여기는 것이다. 즐궁사원의 돕덴 반줴갸춰班覺嘉措(가명)[25]와 이야기를 나눈 적이 있다.

시신 해부는 어떤 마음으로 하나요?
돕덴: 두렵거나 피하고 싶다는 생각은 하지 않습니다.

이 일의 시작은 언제부터인가요?
돕덴: 34살부터니까 대략 5년 정도 됐습니다.

평소에는 어떻게 지내나요?
돕덴: 아침에는 스승님을 따라 불경을 따라 읽고 밤에는 해부학 책을 읽고 있습니다.

시신을 다루는 데 필요한 마음가짐은 무엇일까요?

돕덴: 내가 오늘 밤, 아니 지금 죽을 수도 있다고 생각하는 겁니다. 오늘 밤이나 내일 아침, 나도 당신도 눈을 뜨고 무엇을 볼지 아무도 모릅니다. 그래서 여기서는 지금 바라보고 있는 동안은 내 것이지만, 고개를 돌리는 사이 그 모든 것은 내 소유가 아니라고 배웁니다.

그는 밤에 『지자자해持者自解』라는 몸에 관한 책을 읽고 잔다고 했다. 책속에서는 사망자의 유형과 분류에 대하여 설명하고 있는데, 예를 들어 노환으로 죽은 자의 몸에는 문양을 그려 넣지 않고 장례를 하지만, 흉사凶死일 경우에는 12개의 문양을 가슴에 교차로 그려 넣고, 역사逆死(정신병이나 객사)일 경우에는 12개의 붉은 선을 이마에 그려 넣는다고 했다.[26]

시신을 만지는 것이 무섭지 않나요?
돕덴: 처음에는요.

어떻게 극복했나요?
돕덴: 부정관不淨觀입니다.

그게 뭐지요?
돕덴: 죽은 자의 몸을 상상하거나 관찰하는 수행법입니다.[27]

시신을 상상해요?
돕덴: 이런 겁니다.
– 죽음 – 숨이 멎는 몸
– 시신의 부패 – 소멸
– 뼈와 해골

– 머리카락

– 뼈의 색깔

– 뼈의 가루

– 흙, 바람, 사라짐

이런 것을 순서대로 연이어 상상하는 겁니다. 상상과 몰입을 통해 몸에 대한 집착과 공포로부터 벗어나는 훈련입니다. 그러면 몸은 단지 껍데기일 뿐이고 동물의 그것과 다르지 않음을 깨닫게 됩니다.

그러면서 그는 주위를 크게 둘러보더니 옷 안주머니에서 노란 종이를 꺼내 보여주었다. 거기에는 천장의 순서와 주의 사항이 적혀 있었다.

① 시신의 사인 확인 및 성별 확인

② 장비 점검(작은 망치, 쇠톱, 칼, 뾰족한 돌, 주걱, 나팔, 도끼, 진언이 적힌 종이 등)

③ 머리카락 제거(천장사는 머리카락과 이빨을 보관해 두었다가 유족이 원하면 돌려준다.)

④ 사지四肢 해부

⑤ 가슴과 엉덩이 뼈는 작은 망치로 부순다.

⑥ 오관五官(눈, 코, 입, 귀, 피부)을 뼈에서 발라낸다.

⑦ 제자들이 살과 뼈의 분리 작업을 옆에서 도와준다.

⑧ 해골을 부수거나 따로 보관한다.

⑨ 시신에 향료를 넣는다.

⑩ 독수리에게 신호를 보낸다.

*주의 사항

– 유족 외에 외부인의 참관을 금지한다.

– 유족으로부터 돈을 받지 않는다. 단, 음식은 받을 수 있다.

– 겨울에는 시신 해부를 조심한다.

– 천장을 하기 전, 짧은 명상과 '바르도 퇴돌'을 낭송한다.

– 하루에 시신 두 구 이상을 해부하지 않는다.

– 그날의 해부는 그림이나 글로 남기지 않는다.

그날 밤 나는 그(돕덴)의 수행 방을 방문했다. 그의 방은 아무것도 없는 텅 빈 창고 같았는데, 심지어 헛간이라고 여겨질 정도로 초라했다. 안으로 들어서니, 조그만 창가 아래 등받이가 튼튼한 의자가 하나 있었고 어둠을 밝히기에 딱 알맞은 양초 하나와 야크 뿔이 그려져 있는 성냥갑이 창틀에 보였다. 겉표지에 해골이 그려져 있는 해부학책으로 짐작되는 낡은 종이 묶음이 책상 위에 엎어져 있는 것도 보였다. 벽에는 근심 걱정 없는 자애로운 달라이 라마의 사진이 붙어 있었고 행운의 상징인 일곱 마리 코끼리가 그 아래에서 앞 다리를 들고 있었다. 창가 맨 아래쪽에는 노란 종이가 붙어 있었는데 거기에는 짐작할 수 없는 진언과 숫자가 그려져 있었다. 그의 방은 문이 있으니 출구가 없는 것도 아니고 창문이 있으니 전망이 안 보이는 것도 아닌데 마치 출구도 전망도 없는 것처럼 느껴졌다. 죽은 사람의 방처럼 차가운 기운이 감돌아 나는 창문을 조금 열었다. 그러자 창턱이 눈에 들어왔는데 설산을 바라보기 위해서인지 아니면 설산을 배경으로 배회하는 새를 보려는 것인지 깨진 안경이 그곳에 놓여 있었다. 그의 방은 수행자의 분위기가 감도는 듯 경이롭거나 위엄이 있지는 않았다. 그가 물을 끓이며 가만히 나를 바라보았다.

소리는 물과 같아요. 그가 말했다.

물이요? 나는 얼른 물과 소리의 상관관계를 생각하며 물었다.

그것들은 세상을 하나로 연결하지요. 그는 창문을 크게 열고 달을 보며
말했다.

나도 그를 쫓아 달을 보며 그의 다음 말을 기다렸다.

저기, 설산에서 녹아 내려온 물은 세상으로 나아가요. 그가 말했다.

물은 높은 곳에서 아래로 흐르니까요. 나는 응수했다.

초원과 사막으로도 가지요. 그가 말했다.

물은 경계를 두지 않으니까요. 나도 뭔가 아는 것처럼 말했다.

외면받는 동물과 식물에게도 가요. 나는 고개를 끄덕였다.

난, 일주일에 세 번, 사원 뒤쪽에 있는 동굴 속에서 수행하시는 스승님
을 찾아가죠.

들었어요.

그곳에서 스승님과 마주 앉아 책을 읽어요.

읽어요?

이곳에서 전수되는 진언들이죠. 반복은 습관이 되고, 습관이 되면 적응
되고, 안정감을 느끼고, 여유가 생기죠. 또 그러다 보면 어느새 암송도
되고요. 무엇보다 특별한 건,

특별한?

시간이 지날수록 나의 표정과 손짓, 호흡과 리듬, 소리의 높낮이와 성조
그 모든 것이 스승님과 닮아간다는 거예요.

정말요?

배운다는 것은 선생님을 흉내 내고 반복해서 시간을 축적한다는 느낌이

들어요. 아무것도 하지 않는 것으로 자신의 할 바를 다하고 있는 시간,

그 시간을 나의 몸에 저장하는 느낌이랄까요.

흉내요?

스승님의 그것을 훔쳐서 내 것으로 만드는 거죠. 그게 이곳에서는 수행

의 핵심입니다.

훔쳐요?

네. 스승님의 소리, 표정, 손짓, 발짓, 걷는 자세, 밥먹는 습관, 모든 것

을 온전히 훔치는 거예요.

그게 수행이라고요?

공부죠. 공부란 흠모하는 대상을 관찰하고 흉내 내는 거거든요.

그렇게 하면 뭐가 좋지요?

비슷해지는 거지요. 닮아가는 겁니다.

스승님하고요?

네. 그게 이곳에서는 태초의 스승을 찾아가는 방법입니다.

나는 그가 혼잣말처럼 또는 진언처럼 중얼거리는 소리를 집중해서 들

었다. 내 생각이나 질문은 하지 않았고 그가 벽에 기대 눈을 감고 하는 이

야기만 들었다. 그의 목소리가 좋았기 때문인데 그의 목소리는 들을수록

편안하고 심지어 잠이 올 정도였다. 나는 사실 피곤하고 숨쉬기 힘들었

지만, 드러내지 않고 그의 얼굴을 관찰했다. 그는 오십대 후반으로 보였고,

당연히 미혼이었고, 이마가 번듯하며 한마디로 잘생겼다는 인상을 주었

다. 무엇보다 내가 느낀 그의 가장 인상적인 부분은 동료들이나 스승조차

도 극단적이라고 평가할 만큼 철저한 소리 훈련이었다. 그는 새벽 세 시

와 오후 노을이 올 무렵, 자신이 좋아하는 책이나 진언을 소리 내어 읽었

는데 목소리에 울림이 있었다. 내가 듣기에는 어떤 부분 혹은 어떤 단락에서는 소리의 높낮이와 길고 짧음이 달랐는데 심지어 어떤 부분에서는 감정의 변화가 일어났는지 미세하게 얼굴 근육이 움직이기도 했다. 나는 그때 그가 고독한 수행자이면서 거의 매일 시신을 토막 내는 돕덴이라는 특별한 사람이기보다는 단지 어떤 책을 읽는 기쁨과 그것의 반복적인 소리내기를 통해 시간을 역류하는 순례자처럼 보였다. 이야기를 나누면서 우연히 그의 붉으면서 검은 뺨을 보았는데, 거기에는 자기 나름의 작은 기쁨을 찾은 사람처럼 붉은 열기가 퍼지고 있었다. 인간이 가진 뺨의 특성은 감정을 숨길 수 없다는 것이라고 그가 말해주었다. 그래서 나는 그의 뺨을 빤히 쳐다보았고, 그는 피하지 않았다. 새벽이 되어서야 우리는 헤어졌는데 피곤한 나의 등에 그는 이렇게 말했다.

사람이 살면서 영악함보다는 우둔함이 중요한 요소가 될 때가 종종 있는데, 특히 진전이 없어 보이는, 득이 될 게 없어 보이는 책을 소리 내어 읽는 습관이 몸에 들어오면 좋아요.

해부[28]

시신이 천장터에 안치되면 돕덴은 중얼거리며 낮은 소리를 낸다. 마치 망자를 위해 기도하는 것 같기도 하고 노래를 부르는 것 같기도 한데 그러면서 해부 도구들을 점검한다. 칼, 자, 주걱, 작은 망치, 도끼, 향료를 꺼내 살펴본다. 이때 언덕에서는 나팔을 불며(이건 진혼곡으로 여겨지는데) 천장의 시간이 임박했음을 알리는 라마승이 나타난다. 주위가 조용해지고 망자의 유족들이 떨어져서 자리를 잡으면 돕덴은 칼로 돌을 한 번 두드리고 나서 바로 해부 작업에 들어간다. 시신은 이불이나 비닐로 감싸오기 때문에 돕덴은 낫으로 먼저 그것들을 자른다. 시신은 태아의 모습처럼 몸이 둥글게 말려 있다. 돕덴은 시신을 확인한다. 성별, 사인, 현재의 상태를 점검하고 고인의 머리카락을 밀고 손톱과 발톱을 잘라 유족에게 건네준다. 사인에 따라 시신의 이마 또는 등에다 종교성이 있는 무늬를 그리기도 한다. 돕덴이 도끼와 칼로 팔과 다리를 자르면 같이 온 제자들이 엉덩이와 골반, 머리와 등을 분리한다. 성기와 눈알도 자른다. 가슴 근육을 발라내고 앞가슴을 절개해 내장을 꺼낸다. 얼굴의 살과 오관(눈, 코, 입, 귀, 피부)을 자르거나 도려내는 것은 어려워서 이 부분은 시간이 걸린다.

　이때 현장에는 이미 독수리 떼와 까마귀 떼가 냄새를 맡고 날아와 기다리고 있다. 작은 언덕을 만들 만큼 해부된 시신의 몸에 인도에서 가져온 향신료를 뿌린다. 냄새는 바람을 타고 사방으로 퍼져나간다. 냄새를 맡은 독수리들이 움직이기 시작한다. 돕덴이 신호를 주면 독수리들을 가로막고 있던 제자들이 비켜선다. 그러면 기다렸다는 듯이 독수리들이 날아와 시신을 먹는다. 손과 발을 뜯어 먹고 눈알을 쪼고 씹는다. 고개를 돌리거나 먼 산을 바라보는 가족도 있지만, 그들 모두 망자의 영혼이 좋은 곳에서 환생하길 기도한다. 시신을 먹고 난 독수리들은 하늘에서 원을 그리며 돌거나 사원의 지붕을 배회한다. 어딘가로 날아가 배설물을 싸기도 한다. 그것이 떨어진 장소에서 고인이 다시 환생한다고 유족들은 생각한다. 돕덴은 장비(도끼, 손 망치, 칼, 돌멩이)를 제자들에게 맡기고 손과 얼굴을 씻는다. 유족들은 감사의 표시로 준비해온 음식(차, 물, 짬바, 만두 등)을 건넨다.[29] 돕덴은 음식을 먹으며 위로의 말을 건넨다.

천장天葬_티베트의 죽음 의례

천장이 끝난 후 인터뷰:

천장이 사람들에게 어떤 도움이 된다고 생각하나요?

돕덴: 사람은 스스로 믿고 싶은 것을 자신만의 방식으로 믿습니다.

끔찍하게 보이는 거의 토막에 가까운 시신 자르기를 고인의 가족들이
허락하는 이유는 무엇일까요?

돕덴: 껍질에 지나지 않는 몸을 자연으로 보낸다는 것이, 어쩌면 참된
믿음이라 생각하기 때문입니다.

이해가 안 됩니다.

돕덴: 천장을 하는 것이 가족들 또는 고인의 선택인 것 같지만, 실상은
이곳에서 달리 방도가 없는 신앙심에 가깝습니다.

장례가 신앙심이라고요?

돕덴: 하늘과 바람 그리고 새를 믿는 거죠. 저를 믿는 것은 아닐 겁니다.

믿음이 뭘까요?

돕덴: 본인의 선택인 것 같지만, 사실은 사람들이 믿고 있는 어떤 절대
자를 숭배하는 거죠. 이곳에서는 환생자가 될 수도 있고 사원의 위대한
스승일 수도 있습니다.

그럼, 이 모든 것이 본인의 선택이 아니란 건가요?

돕덴: 당신은 여기까지 올라온 것이 당신의 의도인 것 같나요?

그림 14 즐궁사원에서 필자와 돕덴(왼쪽). 그는 천장이라는 장례를 타인을 위한 몸의 보시라고 설명했다.

네.

돕덴: 아닐 겁니다. 어쩌면 당신이 믿고 있는 어떤 사람, 또는 숭배자가 정해준 대로 온 것일 수도 있어요.

전 숭배자가 없는데요.

돕덴: 당신이 믿고 따르는 교수일 수도 있죠. 당신은 애초에 이곳도 몰랐고 새도 알지 못했는데 누군가가 알려주고 시키는 대로 이곳에 왔는지도 모른다는 이야기입니다.

나의 미래가 타인에 의해 이미 정해져 있다는 건가요?

돕덴: 고요히 생각해봐요. 당신이 여기 있는 건 혹시 누군가가 결정해

준 것은 아닌지, 어디로 갈지, 그곳에서 무엇을 볼지, 누구를 만나야 하는지를 누군가가 정해 준 것은 아닌지요.

천장의 의미는 어디에 있을까요?

돕덴: 몸의 기도입니다. 그럼 기도의 효과는 어디에 있을까요?

마음의 안정, 아닐까요?

돕덴: 효과가 없다 해서 무엇을 구체적으로 증명할 수 없다 해도, 그래도 서로를 위한 기도는 아름답다고 생각합니다. 심지어 달라질 게 없다는 걸 안다고 해도요. 이곳에서 제가 하는 천장은 잠시라도 내가 아닌 타인의 몸과 죽음을 생각하는 시간입니다. 그게 다입니다.

바르도 퇴Thö돌dol

100년 동안 바다에서 나오지 않는 거북이가 있었다. 그 거북이는 100년에 딱 한 번 바다 위로 올라온다. 그런데 그 거북이가 바다 위로 올라와 머리를 내미는 순간 지나가던 뗏목의 구멍에 머리가 끼었다. 거북이는 이러지도 저러지도 못한 채 뗏목과 함께 실려 간다.[30]

인간이 죽어 다음 세상에 환생한다면 다시 인간으로 태어날 가능성에 관한 이야기다. 즉 인간이 인간으로 다시 태어날 기회는 100년 만에 한 번 온다는 것인데 기적이나 다름없다는 것이다.

한 사람이 산책을 하다가 발을 헛디디는 바람에 절벽에서 떨어졌다. 암벽의 중간쯤까지 떨어졌을 때 그는 간신히 무언가를 움켜잡고 그 자리에 멈췄다. 그는 떨어져 죽지 않으려고 있는 힘을 다해 그것에 매달렸다. 하지만 곧 흰 쥐가 나타나서 움켜쥐고 있던 그것을 갉아 먹기 시작했다. 곧이어 검은 쥐가 와서 합세했다. 그렇게 두 마리 쥐가 교대로 그것을 갉아 먹었다. 마침내 한 마리가 마지막 남은 그것을 먹어 치우자 남자는 암벽에서 미끄러져 아래로 곤두박질쳐 죽었다.[31]

이 우화에서 흰 쥐는 낮을, 검은 쥐는 밤을 상징한다. 낮과 밤이 차례로 지나가면서 인간 삶의 종착점으로 빠르게 다가감을 알려주는 이야기다. 티베트인들은 이 이야기들을 알고 있다. 그래서 삶도 중요하지만 죽음을 준비하면서 사는 것이 올바른 인생이라 여긴다. 내일이 오기 전 오늘 죽을 수도 있다고 생각한다. 그러다 막상 죽음이 오면 천장을 하고 환생을 소망한다. 죽음이 임박하거나 임종하면 사원의 라마승을 초빙하여 바르도 퇴돌의 독송을 요청하기도 한다.

세상에 『티베트 사자死者의 서書』로 알려진 『바르도 퇴돌』은 죽음과 그 죽음 너머의 세상을 세부적으로 묘사한 사후여행서라고 볼 수 있다. 기록에 따르면 1,200년 전 인도의 승려 파드마삼바바가 석가모니의 제자들이 남긴 인도의 고문서를 번역하여 대략 100권 정도를 히말라야 여기저기에 숨겨 놓았다고 한다. 그걸 '숨겨진 보물(보장)'이라 하고 그 숨겨진 보물을 찾아내는 자들을 '뗄뙨'이라 했는데 지금까지 찾아낸 필사본만 65권에 달한다고 알려졌다. 19세기 티베트 불교 수행자 카르마 링파가 발견한 책도 그중 하나다. 총 137매, 두 권의 나무껍질로 된, 한 장마다 다섯 줄, 그림이 들어있는 지면은 14장 그리고 13매 분량의 기도문, 이것이 그가 발견

그림 15 툭담(Tib. ᠍ᡓᠠ᠍᠌ᡓ᠌᠍᠍ᡓᡄᢢ. 죽은 후에도 시신의 온기가 사라지지 않는 상태)[32]

한 바르도 퇴돌의 실체다.

바르도(사이) – 퇴(듣는다) – 돌(해탈)의 뜻을 가진 책은 죽음 직전 또는 죽음 후 49일 동안 티베트 라마승이 읽어주는 독송으로 해탈하거나 좋은 곳에서 다시 태어날 수 있다고 설명한다.[33] 책에 따르면 죽음은 영적으로 새로 태어나는 계기를 맞이하는 재탄생을 위한 죽음이 된다고 말하고 있다. 『바르도 퇴돌』이 사람들의 주목을 받은 이유는 한 번 듣는 것만으로도 영원한 자유에 이를 수 있다는 요지 때문이었다. 하지만 이 책은 농부나 유목민들을 위한 환생의 위안서로 보기는 어렵다. 한 번 듣는 것만으로도 해탈에 이른다는 문구는 결국 이 책을 평생을 읽어본 사람 또는 학습한 사람만이 듣고 알아차릴 수 있다는 전제가 되기 때문이다. 즉 현생에서 『바르도 퇴돌』을 학습한 사람만이 임종 후 중간계(49일)에서 듣고 알아들을 수 있다는 의미다. 그래서 『바르도 퇴돌』을 학습한 자들은(그들은 대부분 라마승이지만) 해탈을 도모할 수 있다. 하지만 초원에서 야크를 몰던 목동이나 농사를 짓던 농부가 임종 후에 이 책의 내용을 듣는다고 알아들을 수 있을까? 불가능하다. 다만 현생에서 지은 업장의 두께를 정화시켜 다시 한 번 인간으로의 환생을 기원하는 것은 가능할 것이다.

바르도는 사람이 죽으면 몸에서 혼이 나와 다음 환생까지 잠시 머무르는 중간계다. 그곳에서 혼은 49일 동안 머물고 해탈이나 환생이 결정된다. 어떤 사람은 해탈이 되고 어떤 사람은 토끼나 지렁이로 다시 태어나기도 한다. 따라서 『바르도 퇴돌』의 핵심은 죽음 너머의 세상(중음계)에서 구원받기다. 티베트에서는 임종 후에도 몸은 여전히 해체 또는 붕괴 중이며 심지어 체온 유지가 되는 사람도 있다고 전해진다. 이를 툭담(현재하/도착)이라고 한다.

툭담을 목격한 라마승에게 물은 적이 있다.

툭담, 그건 어떤 상태일까요?
라마승: 툭담은 죽을 당시의 삼매를 말합니다. 그러니까 그 상태는 아직 죽은 상태가 아니라고 봐야 합니다. 이때는 망자의 몸(코, 정수리, 피부)에서 어떤 현상이 일어나는가를 세심히 관찰해야 합니다. 숨은 멈추었지만 몸이 부드럽고 유연하기 때문입니다. 거칠고 더러운 마음의 때가 벗겨졌기 때문입니다. 이곳의 수행자들은 모두 이런 상태를 원합니다.

본 적이 있나요?
라마승: 스승님이 동굴에서 임종했을 때 봤어요.

어땠나요?

라마승: 스승님은 죽은 채로 앉아 있었는데 바로 앉아 있는 거예요. 기울어지거나 누워 있지 않고 이렇게 바로 앉아 있었어요.

어떻게 그럴 수가 있을까요?

라마승: 정말입니다. 그때 나는 스승님을 안았는데 가슴 부위가 따뜻했어요. 그리고 심지어 몸에서는 고약한 냄새도 나지 않고 탄력이 있었어요. 아마도 스승님은 법력으로 툭담에 드는 그 본성 자리에 계속 머물러 있던 것이 아니었나 생각해요. 몸은 썩지 않고, 그런 상태로 하루, 이틀, 1주, 2주, 한 달간 있었습니다. 한 달이 지나자 큰 스승님이 와서 몸에서 영혼을 불러내는 어떤 의식을 했습니다. 그러자 스승님의 몸이 식어갔어요. 그때서야 비로소 죽은 겁니다.

그림 16 사원으로 출가한 승려들은 임종 전이나 임종 후에 바른 빛(정광명. 우쎌)을 보기 위해 평생 수행한다.

저도 가능할까요?

라마승: 수행자만 가능합니다.

왜죠?

라마승: 수행과 훈련이 없기 때문이죠. 그래서 이곳의 수행자들은 우쎌
(본성의 빛)을 인지하는 연습을 중요하게 여깁니다. 수행의 힘이 깊어지면
우리 마음의 본성 자리, 즉 경계가 없는 것을 체감하고 죽음에 임해서
해탈의 기회를 얻게 되는 겁니다. 죽어서 거친 몸이 벗겨지면 경계가 없
는 마음이 들고, 허공처럼 날아다니는 먼지처럼 자유로우면서 명료하고
평화롭고 고요한 마음자리를 얻을 수 있습니다. 그 마음자리를 알아볼 수
있다면 바르도의 공간에서 비로소 해탈할 수 있는 겁니다.

그렇군요.

라마승: 그래서 우리는 윤회에서 벗어나기 가장 좋은 시간을 죽음이 임
박했거나 임종 후 3일 이내의 시간이라고 생각합니다. 저와 친구들은
모두 이걸 위해 수행하는 겁니다.

임종 직전 또는 임종 후에 초빙된 독송자(라마승)는 망자의 귀에 대고 바
르도 퇴돌을 반복적으로 독송한다. 영혼의 위안과 환생의 바른길을 알려
주기 위해서다.

오, 기품 있게 태어난 이여.

이제 존재의 근원으로 돌아갈 순간이 왔다. 그대의 호흡이 멎으려 하고
있다. 이제 그대를 위해 그대가 믿고 의지하던 스님은 그대를 이끌어갈

근원의 빛을 체험하려 하고 있다. 그대여, 이 순간의 모든 것은 텅 빈 허공과 같고 티 없이 맑은 그대의 마음은 투명한 허공과 같다. 이 순간 그대여 껍질을 벗으라. 참 나를 알라. 그리고 그 빛 속에 머물러 있으라. 내 그대를 인도하리라.

망자는 처음 3일 동안은 자신이 이미 죽은 줄 모를 수도 있다. 그래서 애도하고 있는 가족들에게 다가가기도 하고 말을 걸기도 하고 포옹을 시도하기도 한다. 하지만 접촉과 대화는 이루어질 수 없고 오히려 자신이 벽이나 돌을 통과해 어디든지 갈 수 있다는 사실에 놀란다. 그럼 자신이 죽었는지를 어떻게 알 수 있을까? 티베트에서는 달과 태양을 예로 든다. 즉 자신이 돌아다니는 장소에 달과 태양이 없다는 사실을 자각해야 한다는 것이다. 엄마의 색을 상징하는 붉은색과 아빠의 색을 상징하는 흰색이 없음을 인지해야 한다. 죽음에 이르면 몸속에서 흰색과 빨간색을 가진 구성물이 가장 먼저 소멸되기 때문이다.

티베트 속담에 "높은 산을 다 먹어도 배가 부르지 않고, 바닷물을 다 마셔도 여전히 부족해"란 말이 있다. 여기에는 인간의 몸에 뚫린 구멍들이 죄를 짓는 뿌리라는 의미가 담겨 있다. 티베트에서는 입 안에 숨어 있는 혀舌를 간사하고 탐욕적이며 통제가 어려운 가장 경계하고 절제해야 할 대상으로 간주한다. 따라서 티베트인들은 인간이 짓는 모든 죄의 뿌리는 혀와 눈에서 온다고 생각한다. 요컨대 인간의 몸에 구멍이 아홉 개인 이유는 저마다의 역할과 기능 때문인데 만약 그 구멍 중에서 하나라도 막히거나 고장 나면 몸은 어김없이 균형을 잃거나 탈이 난다는 것이다. 심하면 얼굴이 붓고 죽을 수도 있다. 몸에 난 구멍은 몸을 살리는 구멍이기도 하지만 고통을 주는 출처가 되기도 하는 것이다. 몸의 구멍들은 달고

시원하고 따뜻하고 감각적인 것을 따른다. 그러므로 인간의 죄(업)는 그것들의 절제와 통제에 달려 있다고 할 수 있다.

티베트 사원에서는 죽음의 마지막 순간까지도 또는 임종 후에도 자신이 지은 업業을 경감받거나 면죄 받을 기회는 있다고 말한다. 바로 임종 후 49일 동안 3단계의 바르도 구간에서 그 시간(구원 또는 해탈의 순간)이 순차적으로 주어진다고 보는 것이다. 죽음의 바르도 - 법성의 바르도 - 재생의 바르도가 그것이다. 이 중에서 해탈은 첫 번째 죽음의 바르도 구간에서 일어나고 환생은 두 번째 법성의 바르도 단계에서 결정된다. 첫 번째 구간(임종~3일)은 생에 대한 후회와 집착으로 가장 고통스러운 시간이다. 인간은 죽음을 맞이할 때 대부분 눈물을 흘리거나 고통스러워하는 경향이 있는데 그건 이 생애 대한 후회가 많고 막연한 두려움이 생기기 때문이다. 이때 독송자(라마승)는 망자의 귀에 대고 『바르도 퇴돌』을 읽어준다. 망자가 생에 대한 애착과 집착에서 벗어나도록 도와주기 위해서다. 마주하게 되는 빛과 색은 모두 스스로가 지어낸 환영에 불과하다는 것을 일러준다. 망자의 업이나 수양의 정도에 따라 환영의 강도는 달라진다. 이때 유족들은 흐느끼는 소리, 슬퍼하는 소리를 자제해야 한다. 독송에 걸림돌이 될 수 있고 망자의 혼이 흔들릴 수 있기 때문이다. 공간도 중요하다. 시끄럽거나 산만한 장소는 안 된다. 환영의 공격에 시달리기 때문이다.[34] 따라서 이 단계에서는 후회 없고 두려움 없이 죽는 마음이 중요하다. 이름, 명예, 물질, 몸, 나에게 집착하는 마음을 내려놓아야 한다.

임종 이후 3일 동안은 몸이 해체되는 시간을 순차적으로 맞는다. 몸 안의 체액을 구성하는 물水의 기운이 다해 그 배설이나 눈물의 통제력이 없어지고 불火의 인자에서 비롯되는 몸의 온기와 혈색이 사라진다. 몸의 활력을 상징하는 바람風의 기운이 다해 사고의 감각이 없어지며 호흡이 어렵고 육체에 대한 의식이 사라지게 된다. 이것은 전생에 쌓인 탐진치貪瞋 癡의 분해과정이기도 하다. 이성과 감정의 붕괴과정이라고 볼 수 있다. 이 때 몸 안에서 여전히 순환되고 있던 미묘체도 무너지기 시작한다. 티베트 의학에서 말하는 4가지 미묘체, 즉 숨을 순환시키는 짜Tsa(맥), 룽Lung(기), 티글래(명점), 차크라Chakra(원,바퀴)도 죽음을 맞이하면서 사라지게 되는 것 이다. 그러면서 망자의 의식과 업도 벗겨진다. 불성만 남는다. 그 불성을 티베트 불교에서는 정광명(우셀)이라고 한다. 투명한 빛이라고 하는데, 그 빛은 홀연히 나타나 망자의 곁을 순식간에 지나간다고 한다. 그때 바르도 의 첫 번째 단계에서 머물던 영혼이 그 빛을 알아보면 해탈하게 되고, 알 아보지 못하면 기회는 사라진다. 이 단계에서 영적 수행이 깊은 라마승은 투명한 빛을 알아보고 해탈할 수 있다.

1단계에서 해탈하지 못하면 망자는 바로 바르도의 2단계 구간으로 들 어간다. 이 기간은 임종 후 4일부터 21일까지인데 이때는 분노의 신 마하 칼리Mahakali(파괴와 창조의 신)가 망자 앞에 나타난다고 한다. 이 기간에는 다 채로운 빛과 소리가 끊임없이 나타나 망자를 괴롭힌다. 예를 들면 큰 호 수에 오리, 아름답고 화려한 집들, 말들이 풀을 뜯는 풍경, 과수원, 동굴 과 구멍들, 어두운 골짜기와 그림자들, 까맣거나 빨간 집들이 눈 앞에 혼 란스럽게 출현하는 것이다. 이러한 빛과 현상은 마음이 지어낸 환영들인 데 환생을 위한 선택을 도와주기도 하지만 지옥이나 아수라로 향하는 길 을 안내하기도 한다. 올바른 빛과 소리의 선택이 늦어질수록 무서운 환영 들은 형상을 달리하며 계속 나타난다. 성교하는 남녀의 모습이 등장하기 도 한다. 2단계에서도 망자가 올바른 빛을 알아보지 못하고 따라가지 못 하면 3단계에 들어선다. 재생의 바르도라 불리는 기간인데 이 단계는 22 일부터 49일까지의 시간을 말한다. 누군가의 자궁에 들어가 탄생하기 전까지의 상태라고 볼 수 있다. 이때도 독송자의 찬가는 계속된다.

> 망자여, 똑똑히 들으라!
> 전생에 받은 육신은 사라지고 이제 새로운(내생) 육신의 형태가 보일 것이다.
> 당신 앞에 나타난 빛과 형체를 받아들여라.
> 그러면 된다.

49일이 지나면 환생의 시간이다. 환생은 원인은 6가지 감정에 기반한다. 거만함, 질투, 욕망, 무지, 탐욕, 시기심이 그것인데 이것들의 다스림과 소멸이 다음 생의 장소와 대상에 영향을 미친다. 그러므로 죽는 순간의 마음 상태가 환생의 조건임을 알아야 한다. 그래서 사원에서 수양하는 라마승들은 "지금 경험하는 것은 그때도 경험할 것이다"란 말을 수양에 활용한다. 즉 "평상시에 집중하는 대상이 있으면 바르도 구간에서도 마찬가지일 것이다"라는 사원의 훈육을 따르는 것이다. 그러므로 생전에 참된 경험(이타와 절제)을 많이 해야 죽음에 임해서도 좋은 경험을 맞이한다고 믿는다. 참된 경험과 관련하여 '꿈 요가' 수행법은 사원의 라마승들이 해탈을 위해 매일 훈련하는 잠 수행법으로 알려져 있다.[35]

잠을 자면서 하는 수행법이 있다고 들었습니다.
라마승: 이곳의 수행 중에 꿈 요가가 있습니다. 잠을 자고 꿈을 꾸면서 내가 지금 꿈꾸고 있다는 의식을 알아차리는 훈련입니다. 꿈은 원래 불투명하고 자각이 없는 상태입니다. 그러므로 꿈에서 깨어있는 상태를 경험하는 것이 중요합니다. 꿈으로 업이 나타나는 경우가 많기 때문입니다. 따라서 꿈속에서 자신의 의지로 깨어날 수 있으면 꿈을 통해서 자

신의 무의식을 볼 수 있습니다. 수행이라는 것은 내면에 숨어 있는 무의식을 드러나게 하는 훈련입니다. 반복되는 꿈은 어떤 징조를 보여줍니다. 따라서 꿈 요가의 핵심은 꿈을 기억하는 것입니다. 훈련하고 연습할수록 많이 더 자세히 꿈의 내용을 기억할 수 있습니다. 나중에는 자각몽이 가능해집니다. 꿈에서는 자신이 지은 업이 유연해지기 때문입니다. 만약 꿈속에서 스스로 깨어나 꿈의 내용과 자신을 들여다볼 수 있으면 바르도에서도 깨어나서 스쳐 지나가는 참된 빛과 소리를 알아차릴 수 있다는 원리입니다. 그때 원하는 해탈의 기회가 오는 겁니다. 그래서 우리는 꿈을 통해서 윤회에서 벗어날 기회를 훈련하고 있는 겁니다.

이곳에서는 듣기를 왜 그토록 중요시하는 건가요?

라마승: 귀는 우리가 세상에 나오기 전부터 열려 있었어요. 엄마의 뱃속에서부터 귀는 다른 어떤 감각 기관보다도 일찍 완성되죠. 이것은 우리가 태어나기 전부터 이미 귀를 통해 세상과 소통하고 있다는 것을 의미합니다. 인간의 의식은 귀가 듣는 소리와 함께 시작됩니다. 말하자면 우리는 귀를 통해, 소리를 통해 최초로 우리의 존재를 인식한다는 것입니다. 소리는 공기와 비슷해 보입니다. 숨을 쉬면서도 우리가 공기를 의식하지 못한다는 점에서 말이죠. 소리는 자기 영역으로 들어오는 모든 존재를 감쌉니다. 소리의 실체는 듣기를 통해서 알 수 있습니다. 무엇보다 소리는 존재의 의식을 고양시키고 본질을 드러나게 하는 힘이 있습니다. 그러니까 의식을 고양시키고, 우리의 실재를 알아차리는 것은 듣기를 통해서만 가능하다는 겁니다. 따라서 듣는다는 것은 일종의 깨어남입니다. 내가 누구인지, 왜 이곳에 있는지, 그리고 무엇을 해야 하는지 자각하게 만드는 것이 바로 귀를 통한 소리입니다. 그런 면에서 『바르도

『퇴돌』은 소리의 중요성을 알려주는 책이라고 할 수 있습니다. 몸은 사라지지만 영혼은 죽지 않는다는, 그래서 우리의 존재의 본질이 삶과 죽음을 거듭하며 영적 성장을 위해 노력하는 것이라면, 인간 존재의 연속성은 바로 귀로 듣는 소리와 그것에 의한 의식의 각성에 있다는 것을 바르도 퇴돌을 통해서 알 수 있습니다.

티베트에서 죽은 사람에게 『바르도 퇴돌』을 독송하는 이유는 숨이 멎어도 귀는 아직 죽지 않았다고 생각하기 때문이다. 죽음과 동시에 눈이 감기고 몸이 늘어지는 것과는 다르게 귀는 여전히 모든 소리를 들을 수 있다고 믿기 때문이다. 망자가 들을 수 있기에 독송자는 그것을 귀에 대고 낭송한다. 영혼의 안위와 다시 한번 인간으로 태어남을 소망하는 기도라고 할 수 있다. 『바르도 퇴돌』에 따르면, 인간은 죽음을 맞이할 때 평생 쌓아놓은 죄를 벗겨낼 수 있는 마지막 기회를 얻는다고 한다. 그 기회를 얻기 위해 라마승들은 고행에 가까운 수행을 하는 것이고 신자들은 궁핍한 삶 속에서도 절제와 보시를 하는 것이다. 티베트인들은 타인을 위한 기도, 계율에 복종하는 삶을 향해 몸을 돌린다. 그러면서 욕심을 버리고 원하는 만큼만 하며 살아야 한다는 것을 배운다. 살아 있는 바로 지금 스스로가 변하지 않는다면 죽음의 순간에, 죽음 이후에 바뀌는 것은 없다고 믿는다. 누구나 그 자신이 살아왔던 방식 그대로 죽기 때문이다. 그러므로 그들은 내일이나 미래보다는 오늘 하루에서 할 수 있는 것, 가족과 밥을 먹고, 햇볕을 마시며 걷고, 야크의 똥을 줍고, 저녁노을을 보며 죽음을 생각하는 것이 무엇보다 중요하다고 생각한다. 그러다 죽음이 찾아오면 천장을 하고 『바르도 퇴돌』을 통해 환생을 기원한다. 이것이 그들이 사는 방식이며 죽음을 대하는 태도다.

천장天葬_티베트의 죽음 의례

나가며

    티베트는 일만 년 전, 바다 깊은 곳에 있던 산과 산맥들이 육지로 솟아 올라 고원이 된 땅이다. 하늘과 가까운 탓에 그곳은 외부와 연결이 어렵고 모든 것이 부족하다. 그래서 그것이(부족과 결핍) 티베트의 본질이고 바탕이 되었다. 티베트인들은 몸의 만족보다는 영혼의 순환을, 보는 것보다는 듣는 것을, 탄생보다는 죽음을 생각하는 삶을 추구한다. 그들은 탄생과 성장에서 오는 기쁨을 누리기보다 죽음이 오면 비로소 솔직한 인간이될 기회가 왔다고 생각한다. 그래서 그들은 누군가가 죽으면 머리를 붙잡고 울기보다는 곧바로 천장을 준비한다. 천장은 사원에서 훈련된 라마승이 시신의 몸을 해부하여 새(독수리)에게 보시함으로써 환생을 기원하는 죽음 의식이다. 티베트 사원의 고승들이 임종이 다가오면 자진하여 동굴 속으로 홀로 들어가 짐승의 먹이가 되고자 했던 죽음 준비와 다를 바 없다. 천장 의식에는 보이지 않는 영혼의 흐름을 존중하며 그것의 온전한 이송을 통해 새로운 탄생을 기약하는 순환의 원리가 담겨 있다. 그러므로 그 의식에는 티베트인들의 삶과 죽음에 대한 내면세계가 집적돼 있다고 볼 수 있다. 어찌 보면 대자연에 순응하고 적응하는 그들의 겸손한 표현 방식의 하나일지도 모른다. 죽음을 두려워하고 죽음 후에도 적지 않은 감정과 물질을 소비하는 우리와는 너무나도 다른 죽음의 태도가 아닐 수 없다. 그런 면에서 티베트인들의 천장은 차갑고 소극적인 우리들의 삶과 죽음 방식에 다음의 몇 가지를 알려준다.

첫째, 천장은 불교적 관점에서 삶과 죽음을 바라보고 거기서 파생되는 인문학적 교훈, 즉 어떻게 살아야 하는지를 알려준다. 요컨대 물질과 경쟁, 소유와 정복, 빛과 속도를 사는 사람들에게 그들이 추앙하고 떠받치는 그 모든 것이 결국은 죄와 고통의 뿌리라는 점을 알려준다. 즐거움과 쾌락은 시간이 지나면 고통과 권태로 변할 수 있음을, 그러므로 그것들에서 벗어날 때 비로소 집착 없는 죽음을 맞이할 수 있다고 알려준다. 즉 윤회의 고통에서 벗어나려면 현재 당신의 삶의 방식과 동경의 대상을 바꾸라는 것이다.

둘째, 인생의 관심사를 바꾸는 것이 중요하다고 전한다. 돈과 이름을 쫓는 삶에서 자연과 사색으로 하루의 시간을 전환하라는 것이다. 그러면 화, 분노, 욕심, 탐욕, 시기, 질투의 감정이 평화, 안정, 고요, 도움의 감정으로 변한다는 것이다. 따라서 현생에서는 감성을 정화하는 노력이 필요하다. 탐욕이 많은 사람은 부정관을 해야 한다. 즉 죽은 시신이나 해골을 떠올리며 내가 죽으면 저렇게 된다는 상상을 하는 것이다. 분노가 많은 사람은 자비관 수행을 해야 한다. 사랑하는 마음을 훈련하는 것이다. 예를 들면 엄마가 아기를 품에 안고 젖을 물리는 얼굴을 떠올리는 것이다. 거기에는 사랑이라는 감정만이 그득할 뿐이다. 그러려면 지금 자신의 관심사를 알아야 하고 그 관심사가 물질, 명예, 권력, 몸에 관한 것이라면 그 대상을 다른 방향으로 전환해야 한다. 그래야만 거칠고 불편한 마음이 정화된다.

셋째, 죽음이 오기 전, 임종 편지를 써 놓는 것이다. 그리하여 사랑하는 사람의 죽음이 다가오거나 죽으면 자신이 쓴 편지를 귀에 대고 속삭이는 것이다. 귀에 대고 노래를 부르듯 독송하는 것이다. 그것(임종편지)은 자신만의 '바르도 퇴돌'이기 때문이다.

넷째, 오늘날 우리가 사는 세상은 전적으로 현상, 즉 눈과 혀에 의존하는 삶이라고 할 수 있다. 단지 순간적으로 나타난 또는 드러나는 색과 빛에 따라다니는 맹신자의 일상에 가깝다. 티베트불교의 입장에서 보자면, 그것들(눈과 혀를 즐겁게 하는 빛과 색)은 덧없는(영원하지 않은) 것이고 환영이고 실체가 없는 것들이다. 따라서 그것들은 깨달음으로 극복되지 않는 한 죽음은 태어남을 뒤쫓고 태어남은 죽음을 뒤쫓아 끝이 없는 형국이 된다. 그러므로 티베트에서는 자신의 눈과 혀로부터 멀어지는 하루가 중요하다고 말한다. 빛과 속도를 쫓아다니는 삶에서 소리를 듣는 일상으로 전환하는 것이다. 그것이 좋은 죽음을 맞이하는 습관이 되고, 그 습관이 결국 좋은 환생의 바탕이 되는 것이다.

다섯째, 천장은 죽음뿐만 아니라 죽음 너머의 세계에 대해서도 알려준다. 즉 티베트에서 중음계(바르도)라 불리는 그곳에서는 망자가 49일 동안 심판받는데 현생에서 어떤 업을 지었는가에 따라 고통과 환생이 결정된다는 것이다. 따라서 매일 착하게 살 것을 권유한다. 스스로에게는 엄격한 절제를, 타인에게는 베풀며 살라는 것이다. 그래야만 죽음을 설레며 기다릴 수 있다는 것이다.

여섯째, 천장은 죽음 명상의 필요성도 알려준다. 깨달음은 윤회 자체가 하나의 환영이며 실재하지 않는 허상임을 자각하는 데서 얻어진다. 그러므로 깨달음은 인간 세계에서도 가능하고 임종의 짧은 순간에서도 가능하며 사후세계의 과정, 즉 바르도 상태에서도 가능하다. 하지만 가능성은 실행에 옮기기 전까지 현실이 아니다. 따라서 일상에서 죽음 명상의 실천은 중요하다. 나는 죽는다. 언제 죽을지 모른다. 아무것도 주머니에 넣어 가져갈 수 없다. 업(罪)만 가지고 갈 뿐이다. 사람이 살면서 이것만큼, 시작과 끝이 선명한 질서가 있을까? 인간의 탄생은 소멸을 전제로 한다. 그러므로 아침, 저녁으로 이를 닦듯이 자신의 죽음을 생각해야 한다. 그러면 하루가 소중해지고 관계가 따뜻해진다.

티베트 시골 마을, 하천 옆에서 죽은 지렁이를 본 적이 있다. 죽음의 혼란 대신 청결과 질서를 유지하려는 모양으로 늘어진 지렁이. 그 광경은 더럽거나 지저분해 보이지 않았다. 오히려 지극히 적당한 수준의 죽음으로 여겨졌다. 이 지렁이는 '여기서', '어쩌다', '이 지경으로'라는 슬픔이 끼어들지는 않았다. 그때 그곳을 지나가던 라마승이 말해주었다.

이곳의 생명들(동물, 식물, 곤충, 물고기)은 때가 되면 표면적으로 숨을 거두죠. 그런데 그들은 죽지 않고 생을 끝냅니다. 자신들이 믿고 싶은 대로 움직이다가 세상과 단절하면서 저승보다 더 비극적인 이곳을 떠납니다. 그리고 그들의 온순한 영혼은 저승에서 겁먹지 않습니다. 죄를 지은 적이 없으니까요. 그러므로 그들은 자신들의 죽음에 그 누구의 애도나 슬픔도 원하지 않습니다. 어쩌면 오직 인간만이 중요하고 심각한 일은 모조리, 자신들을 위해 존재하며 그렇기 때문에 죽음 또한 오로지 자신들만의 전유물처럼 여길 뿐입니다.

보이지 않는 것들의 생명성(움직임)을 믿는 나에게 티베트 천장과 그 안에 담긴 죽음의 의례는 이 책을 다시 한번 쓰게 된 이유이자 목적이 되었다. 책에 서술된 내용은 이미 발표된 논문을 확장, 보완한 것이다. 미주를 달아 출처를 밝혀 놓았고 사소하면서 개인적인 라마승과의 인터뷰는 공간과 날짜, 시간과 내용을 짧게 적었다. 티베트 속담, "내일이 먼저 올지 죽음이 먼저 올지 아무도 모른다"를 펼쳐놓은 한 편의 이야기로 읽히길 바란다.

미주

들어가며

1 청 황제가 한족 관리에게 전권을 위임하여 티베트에 파견한 고위 관리를 말함.

2 拉巴平措等 編, 『清代藏事奏牘』, 北京: 中國藏學出版社, 1994, 293쪽. 1834
년 나자로회會에 가입한 가베은 그해 선교 명령을 받고 중국으로 가는 도중
바다비아(자카르타), 수라바야(인도네시아) 등을 거쳐 같은 해 8월에 마카오에 도
착했다. 이어 몽골 전도회에 참가하기 위해 북상하여 1837년 내몽골에 이르
러 여러 해 동안 선교활동을 하고 열하熱河로 갔다. 1844년 같은 천주교 선교
사인 웍Évariste-Huc을 만나 함께 몽골 타르타리Mongol Tartary 지역을 여행했다.
그들은 청해성 타얼塔尔寺, Kounboum사원에서 6개월 동안 머무를 기회가 있었
는데, 그때 티베트불교와 언어를 배웠다. 가베은 1846년 웍 신부와 티베트인
삼다첸바와 함께 오르도스(중국 내몽골 자치구)를 횡단하여 티베트 라싸에 들어
갔다. 라싸에서는 몸이 좋지 않아 오래 머물지 못했다. 1848년 브라질 선교
활동 중 리우데자네이루에서 죽었다.

3 Huc, Evariste Regis, Life and Travel in Tartary, Thibet, and China,
General Books, 2010. 이 시기 티베트를 방문한 대표적인 선교사들은 마누
엘 마르케스Manuel Marques(1596~1630), 안토니오 데 안드라데Antonio de Andrade,
(중국명: 安夺德 1581~1634), 에스테바오 카셀라P. Estevao Cacella(1858~1630), 주앙 카
브랄P. Joao Cabral(1599~1669), 아폴리토 데시데리IppolitoDesideri(1684~1733), 오라찌
오 델라 펜나Orazio della Penna(1680~1745) 등을 들 수 있다. 중국의 황모송黃慕松
과 오충신吳忠信도 티베트에 갔다가 천장을 목격했다. 黃慕松, 吳忠信, 『奉使
办理藏事報告書』, 中國藏學出版社, 1993, 참조.

4 張駿逸, 『清朝中葉以來藏族的習俗變遷－以古伯察神父的西藏旅行筆記為基

礎的探討」, 輔仁歷史學報, Vol. 20,0 臺灣: 輔仁大學歷史學系, 2011, 36-47쪽.

5 古伯察 著, 耿昇 譯, 『韃靼西藏旅行记』, 中國藏學出版社, 1991, 497-498쪽.

제1장

1 格桑本, 『靑藏高原遊牧文化』, 甘肅: 民族出版社, 2000, 5-9쪽.

2 문순철, 「티베트 자연, 인문 환경의 지리적 특성」, 『동아 연구』 제36집, 1996, 215쪽.

3 R. A. 슈타인 지음, 안성두 옮김, 『티벳의 문화』, 무우수, 2004, 18-19쪽.

4 야마구치 즈이호 · 야자키 소켄 저, 이호근 · 안영길 역, 『티베트 불교사』, 민족사, 1990 참조.

5 조재송, 「티베트와 몽골의 문화친연성文化親緣性 연구」, 『中國學研究』 第28輯, 2004, 167-169쪽.

6 심혁주, 『티베트로 향한 사람들』, 책과 함께, 2024, 참조.

7 토번은 당唐, 송대宋代의 티베트Tibet에 대한 호칭이며, 도백특圖白特, 토백특土白特, 조배제像拜提, 퇴파특退擺特이라고도 불렸다. 14세기 무렵까지 토번이라는 호칭이 사용되었으며, 서번西蕃, 오사장烏斯藏, 위장衛藏, 서장西藏으로도 불렸다.

8 고려대학교 한국사연구소 엮음, 『왕오천축국전往五天竺國傳 – 돈황 사본의 복원 및 역주』, 아연 동북아 문화 총서 04, 2014, 144-146쪽.

9 토비 머스그레이브 저, 이창신 역, 『식물 추적자 – 식물을 찾아 세계를 탐험한 사람들의 모험과 도전』, 넥서스BOOKS, 2004.

10 알렉산드라 다비드 넬 저, 김은주 역, 『영혼의 도시 라싸로 가는 길』, 르네상스, 2008.

11 Alexandra David-Neel, Mein langer Weg in die verbotene Stadt – Briefe aus Tibet, Edition Erdmann, 2018.

12 王森, 『西藏佛教發展史略』, 中國社會科學出版社, 1997, 36-38쪽.

13 才讓太, 「試論本教研究中的介個問題」, 『中國藏學』, 第3期, 中國藏學出版社, 1988, 91쪽. 謝繼勝, 『西藏的神靈和鬼怪』, 西藏人民出版社, 1993, 참조.

14 王森, 앞의 책, 2쪽.

15 周銀銀, 『藏族原始宗教』, 四川人民出版社, 1999, 165쪽.

16 周潤年, 『藏族宗教與文化』, 中央民族大學出版社, 2002, 34쪽.

17 이 부분은 필자가 티베트 마을에서 전해지는 신화와 전설을 인터뷰한 내용임.

18 周銀銀, 앞의 책, 165쪽.

19 고대 티베트 상융象雄 지방, 오늘날의 아리阿里 지역은 본교의 탄생지로 알려
    졌으며 당시 교주는 센랍미우첸幸饒米沃으로 전한다. 『토관종교원류土觀宗教源
    流』에서도 센랍미우첸은 본교의 창시자로 서술되고 있다. 그에 관한 기록과 문
    헌은 대부분 신화와 전설의 색채를 띠고 있어 그의 행적은 여러 가지로 신빙
    성을 의심받고 있지만, 그의 출생지가 상융象雄인 것은 학자들의 공통점이다.

20 石碩, 『吐藩政教關係史』, 四川人民出版社, 2000, 39쪽.

21 石碩, 위의 책, 42쪽.

22 邊巴璟達, 「淺析西藏天葬習俗的成因及文化含意」, 『西藏研究』, 第1期, 2005,
    68-72쪽.

23 熊坤新, 「天葬起源之探索」, 『西藏研究』, 第27期, 1988.

24 谢继贴, 「藏族萨满教的三界宇宙结构与灵魂观念的发展」, 『中國藏學』 季刊,
    第4期, 1998, 41쪽.

25 이정환, 「티베트 토번吐藩왕조 시대의 토속종교 뵌Bön 세력 연구」, 『현대중국
    연구』 제18집 2호, 2016, 177-179쪽.

26 周銀銀, 앞의 책.

27 五世达赖喇嘛 著, 刘立千 譯, 『西藏王臣记』, 民族出版社, 2000.

28 王森, 앞의 책, 1쪽.

29 김백현, 「티벳 토착종교 뵌뽀교 탐구」, 『중국학 연구』, 중국학연구회 28집,
    2004, 78쪽.

30 索南才讓, 「本教發展概況」, 『西藏研究』, 第3期, 西藏社會科學主辦, 1989,
    65-69쪽.

31 憑智, 『雪域喪葬面面觀』, 靑海人民出版社, 1998, 39-40쪽.

32 帕·克瓦爾耐, 『西藏苯教徒的喪葬儀式』, 西藏人民出版社, 1989, 40-41쪽.

33 본교의 단신斷身 의식은 훗날 천장天葬 문화에 영향을 준 것으로 보인다. 단신
    이란 몸의 사지를 절단해 구원 의식을 소망하는 것이다. 본교의 단신 의식은
    훗날 두 가지 유형으로 나타나는데 토장土葬과 천장天葬이 그것이다. 전영란,
    「중국 소수민족의 장례문화」, 『대구대학교 인문과학 연구 총서』, 중문출판사,
    2011.

34 천장의 사상적 배경인 영혼 불멸과 관련하여 각낭파覺朗派. 혹은 覺曩派는 밀접
    한 관련을 맺고 있다. 이 종파는 사람은 죽고 태어남을 반복하면서 몸은 사라
    지지만 영혼은 절대 불멸한다는 우주관을 가지고 있다. 또 시신은 천계天界의
    사자인 독수리天鷹에게 주어야 한다고 주장한다. 旺洛追扎巴, 『覺曩派教法
    史』, 西藏人民出版社, 1993.

제2장

1 張窗, 「西藏喪葬風俗的演變及其原因」, 『西藏研究』, 第3期, 西藏社會科學院,
   1988, 88쪽.

2 林冠群, 『唐代吐蕃史論集』, 北京: 中國藏學出版社, 2006.

3 肅之光·祝启源 著, 『隋唐民族史』, 中国历代民族丛书, 四川民族出版社,
   1996, 403-406쪽.

4 辉麟, 『西藏佛教寺庙』, 四川人民出版社, 2003, 174쪽.

5 ① 西藏朗縣紅脈紅土蕃列山墓群 ② 乃東縣切尼則木墓群 ③ 吉堆吐蕃墓葬群 ④ 墨
   竹工卡縣紅土蕃列古墓群 등을 들 수 있다.

6 1950년에 로마의 IsMEO Istituto Italiano per il Medio ed Estremo Oriente,
   이탈리아 중동 극동 연구소에서 출판되었다.

7 김규현, 『티베트 역사 산책』, 정신세계사, 2003, 136쪽.

8 송첸감포왕은 토착 신앙인 본교를 배척하고 불교를 숭상했지만, 정작 자신
   의 장례 방식은 불교의 방식인 화장을 따르지 않았다. 오히려 내용 면에서는
   본교 의식에 가까웠는데 예를 들면 말을 순장했다는 것이다. 김규현, 『티베
   트 역사 산책』, 정신세계사, 2003, 137-138쪽 참조. 王丕震, 『松赞干布』, 秋
   海棠出版社, 1995, 참조.

9 赤列曲扎, 『西藏风土志』, 西藏人民出版社, 1982, 50쪽.

10 尕藏才旦, 『天葬: 藏族的喪葬文化』, 甘肅民族出版社, 2000, 90~91쪽; 耿振華, 『西藏喪葬習俗硏究: 西藏生死學的理論與實踐』, 台北, 水星文化事業出版社, 2004.

11 정재남, 『중국 소수민족 연구』, 한국학술정보, 2007, 1,013쪽. 강족羌族은 1세 미만의 어린애가 죽으면 나무 상자나 대나무 바구니에 넣어 강에 떠내려가게 한다.

12 陈华文, 『丧葬史』, 上海文艺出版社, 2007, 157~190쪽.

13 채문기, 『법보신문』, 2021. 03. 02.

14 諾布旺丹, 『藏傳佛敎活佛轉世』, 大千出版社, 2001, 190~191쪽.

15 憑智, 『藏传佛教死亡的艺术』, 大千出版社, 2002, 183쪽.

16 尕藏才旦, 『天葬: 藏族的喪葬文化』, 甘肅民族出版社, 2000, 88쪽.

17 周煒, 『活佛轉世與神秘西藏』, 智慧出版社, 2001, 186쪽.

제3장

1 여기에 관해서는 중국의 티베트 학자 왕야오王堯와 16세기 티베트 철학자 바오줄라쳉아Pawo Tsuglag Threngwa의 문헌을 찾아보면 확인된다.

2 格勒 · 刘一民 · 安才旦 編, 『藏北牧民-西藏那区地区社会历史调查』, 中国藏学出版社, 1993, 360쪽.

3 존 K. 페어뱅크, 김한식 · 김종건 역, 『캠브리지 중국사: 1800~1911 청 제국 말 1부(下)』, 새물결, 2007, 689쪽. 영국상무위원英國商務委員 데이비드 맥도닐드David MacDanold(1873~1962)는 1905~1925년 라싸에 거주했던 것으로 확인된다. David Macdonald, *Twenty years in Tibet*, Philadelphia J. B. Lippincott Company, 1932.

4 즐궁사원 천장터에는 대략 200마리 정도의 독수리가 산다.

5 彭英全, 『西藏宗敎槪況』, 西藏人民出版社, 1983, 61쪽.

6 霍魏, 『西藏古代葬墓制度史』, 四川人民出版社, 1995, 336~337쪽.

7 王森, 『西藏佛敎發展史略』, 中國社會科學出版社, 1997, 173~174쪽.

8 尕藏才旦, 『天葬: 藏族的喪葬文化』, 甘肅民族出版社, 2000, 23쪽; 帕 · 克瓦

爾耐,『西藏苯敎徒的喪葬儀式』, 拉薩, 西藏人民出版社, 1989.

9   廖東凡,『雪域西藏豊情彔』, 西藏人民出版社, 1998, 46쪽.

10 尕藏才但, 앞의 책, 31쪽.

11 로버트 A. F. 셔먼의 책, 52-53쪽.

12 박하선 사진집,『天葬』, 커뮤니케이션즈와우, 2002.

13 焦治平,「論藏族的喪葬風俗」,『康定民族師範高等專科學校學報』, 第12券 3期, 2003, 4쪽.

14 憑智,『藏传佛教死亡的艺术』, 大千出版社, 2002, 93쪽.

15 2005년 7월, 티베트 라싸, 즐공 사원에서 쏨마충정 라마승과 함께. 그는 시신이 사원으로 올라오면 천장을 책임진다.

16 憑智, 위의 책, 80쪽.

17 直孔·貢覺嘉措,『直孔天葬台簡介』, 西藏人民出版社, 2004, 3쪽

18 삼예 사원은 티베트 산남지구의 자낭札囊현 하부르산哈不日山에 있으며 티베트에서 처음으로 세워진 불교사원으로 알려져 있다.

19 심혁주,『티베트의 활불제도』, 서강대학교출판부, 2010 참조.

20 세계 3대 천장터 중 2개는 티베트에 존재하고 나머지 하나는 인도에 존재한다. 티베트에 있는 直貢替寺와 桑揶寺의 천장터가 그것이고 인도에는 斯白 천장터가 있다.

21 直孔·貢覺嘉措, 위의 책.

22 티베트불교 4대 종파 중의 하나인 겔룩파黃敎 6대 사원 중의 하나이다. 1709년에 건립되었고 많을 때는 4천여 명의 라마승이 수행했다. 역사적으로 암도安多 지역의 정치, 경제, 문화의 중심 역할을 담당하였다. 1982년 중국 국무원 종교국의 회의를 거쳐 전국중점문물보호 지역으로 선정되었다. 洲塔,『論拉卜楞寺的創建及冀六大學院的形聲』, 甘肅民族出版社, 1998, 1쪽.

23 直孔·貢覺嘉措, 위의 책.

24 國家測繪局地名研究所 編,『西藏地名』, 中國藏學出版社, 1995, 317쪽.

25 사원 천장사는 스승이나 사원의 회의를 거쳐 임명한다. 邊巴環達,「淺析西藏天葬習俗的成因及文化含意」,『西藏硏究』, 2005, 第1期 참조.

26 尕藏才旦, 앞의 책, 51−52쪽.

27 안성두 외, 『죽음, 삶의 끝인가, 새로운 시작인가』, 운주사, 2011, 83−84쪽.

28 어떤 지역에서는 천장사가 시신을 포대기에서 꺼내 바위 위에 올려놓고 시신의 허리 부분에다 밧줄을 묶어 나무에 매달아 시신을 지탱하도록 한다. 이때 단단한 줄르 시신의 배를 묶어 놓지 않으면 독수리들이 그 시신을 전부 다른 곳으로 가지고 가서 먹게 되므로 망자의 가족들은 매우 슬퍼한다.

29 천장 의식은 지역에 따라 그 방법과 의례가 다르게 존재한다. 예를 들어, 간즈티베트자치구甘孜州藏區 지역은 시신을 집안에 보존하는 기간에는 머리를 두 무릎 사이에 넣고 흰색 끈으로 묶어 고정한다. 그리고 배에다 부적護法神像을 붙이고 얼굴은 평소 망자가 입고 다니던 옷으로 덮어둔다. 이 지역은 사망자의 나이가 80세 이상이거나 13세 미만이면 천장을 하지 못한다.

30 석도림, 한글 법화경, 『법화경法華經 방편품方便品』, 법화정사, 2020.

31 툴구 퇸둡 저, 도솔 역, 『평화로운 죽음, 기쁜 환생』, 청년사, 2007, 55쪽.

32 출처: https://ntassabas.tistory.com/321

33 빠드마쌈바와 저, 중암 선혜 역, 『티베트 사자의 서』, 불광출판사. 2020. 곽만연, 「불교의 죽음관의 전개와 티벳 사자의 서에 나타난 죽음관의 전개」, 『철학논총』, 새한철학회, 2007 참조.

34 백봉초, 『사자의 서』, 경서원, 1984, 26−27쪽.

35 2019년 7월, 티베트 임지林芝에서.

참고문헌

▶ **국문 자료**

단행본

R. A. 슈타인 지음, 안성두 옮김, 『티벳의 문화』, 무우수, 2004.

고려대학교 한국사연구소 엮음, 『왕오천축국전(往五天竺國傳) - 돈황 사본의 복원
    및 역주』, 아연 동북아 문화 총서 04, 2014.

김규현, 『티베트 역사 산책』, 정신세계사, 2003.

박하선 사진, 『天葬』, 커뮤니케이션즈와우, 2002.

백봉초, 『사자의 서』, 경서원, 1984.

석도림, 한글 법화경, 『법화경(法華經) 방편품(方便品)』, 법화정사, 2020.

심혁주, 『티베트로 향한 사람들』, 책과 함께, 2024.

심혁주, 『티베트의 활불제도』, 서강대학교출판부, 2010.

안성두 외, 죽음, 『삶의 끝인가, 새로운 시작인가』, 운주사, 2011.

알렉산드라 다비드 넬 저, 김은주 역, 『영혼의 도시 라싸로 가는 길』, 르네상스,
    2008.

야마구치 즈이호 · 야자키 소켄 저, 이호근 · 안영길 역, 『티베트 불교사』, 민족사,
    1990.

정재남, 『중국 소수민족 연구』, 한국학술정보, 2007.

존 K. 페어뱅크, 김한식 · 김종건 역, 『캠브리지 중국사: 1800-1911 청 제국 말 1부
    (下)』, 새물결, 2007.

채문기, 『법보신문』, 2021.

토비 머스그레이브 저, 이창신 역, 『식물 추적자 – 식물을 찾아 세계를 탐험한 사람들의 모험과 도전』, 넥서스 BOOKS, 2004.

툴구 뙨둡 저, 도솔 역, 『평화로운 죽음, 기쁜 환생』, 청년사, 2007.

논문

곽만연, 「불교의 죽음관의 전개와 티벳 사자의 서에 나타난 죽음관의 전개」, 『철학논총』, 새한 철학회, 2007.

김백현, 「티벳 토착종교 뵌뽀교 탐구」, 『중국학 연구』, 중국학연구회 28집 2004.

문순철, 「티베트 자연, 인문 환경의 지리적 특성」, 『동아 연구』 제36집, 1996.

이정환, 「티베트 토번(吐藩)왕조 시대의 토속종교 뵌(Bön) 세력 연구」, 『현대중국연구』 제18집 2호, 2016.

전영란, 「중국 소수민족의 장례문화」, 『대구대학교 인문과학 연구 총서』, 중문출판사, 2011.

조재송, 「티베트와 몽골의 문화친연성(文化親緣性) 연구」, 『中國學研究』 第28輯, 2004.

▶ 중문 자료

단행본

格勒·刘一民·安才旦 編, 『藏北牧民−西藏那区地区社会历史调查』, 中国藏学出版社, 1993.

格桑本, 『藏族原始宗教』, 四川人民出版社, 1999.

古伯察 著, 耿昇 譯, 『鞑靼西藏旅行记』, 中國藏學出版社, 1991.

霍魏, 『西藏古代葬墓制度史』 四川人民出版社, 1995.

國家測繪局地名研究所 編, 『西藏地名』, 中國藏學出版社, 1995.

諾布旺丹, 『藏傳佛教活佛轉世』, 大千出版社, 2001.

拉巴平措等 編, 『清代藏事奏牘』, 北京: 中國藏學出版社, 1994.

廖東凡, 『雪域西藏豊情录』, 西藏人民出版社, 1998.

林冠群, 『唐代吐蕃史論集』, 北京: 中國藏學出版社, 2006.

憑智, 『雪域喪葬面面觀』, 靑海人民出版社, 1998.

憑智, 『藏传佛教死亡的艺术』, 大千出版社, 2002.

천장天葬_티베트의 죽음 의례

謝繼勝, 『西藏的神靈和鬼怪』, 西藏人民出版社, 1993.

索南才讓, 「本教發展概況」, 『西藏研究』, 第3期, 西藏社會科學主辦, 1989.

石碩, 『吐蕃政教關係史』, 四川人民出版社, 2000.

尕藏才但, 『天葬: 藏族的喪葬文化』, 甘肅民族出版社, 2000.

肅之光 · 祝启源 著, 『隋唐民族史』, 中国历代民族丛书, 四川民族出版社, 1996.

五世达赖喇嘛 著, 刘立千 譯, 『西藏王臣記』, 民族出版社 2000.

旺洛追扎巴, 『覺囊派教法史』, 西藏人民出版社, 1993.

王丕震, 『松贊干布』, 秋海棠出版社, 1995.

王森, 『西藏佛教发展史略』, 中国社会科学院出版社 1997.

赤列曲扎, 『西藏风土志』, 西藏人民出版社, 1982.

周煒, 『活佛轉世與神秘西藏』, 智慧出版社, 2001.

周潤年, 『藏族宗教與文化』, 中央民族大學出版社, 2002.

周銀銀, 『青藏高原遊牧文化』, 甘肅: 民族出版社, 2000.

洲塔, 『論拉卜楞寺的創建及冀六大學院的形聲』, 甘肅民族出版社, 1998.

直孔 · 貢覺嘉措, 『直孔天葬台簡介』, 西藏人民出版社, 2004.

陈华文, 『丧葬史』, 上海文艺出版社, 2007.

彭英全, 『西藏宗教概況』, 西藏人民出版社, 1983.

黃慕松, 吳忠信, 『奉使辦理藏事報告書』, 中國藏學出版社, 1993.

辉麟, 『西藏佛教寺庙』, 四川人民出版社, 2003.

논문

邊巴璟達, 「淺析西藏天葬習俗的成因及文化含意」, 『西藏研究』, 第1期, 2005.

谢继胜, 「藏族萨满教的三界宇宙结构与灵魂观念的发展」, 『中國藏學』 季刊, 第4期,
    1998.

熊坤新, 「天葬起源的探索」, 『西藏研究』, 第3期, 西藏社會科學主辦, 1988.

張駿逸, 「清朝中葉以來藏族的習俗變遷－以古伯察神父的西藏旅行筆記為基礎的探
    討」, 輔仁歷史學報, Vol. 20,0 臺灣: 輔仁大學歷史學系, 2011.

張窗, 「西藏喪葬風俗的演變及其原因」, 『西藏研究』, 第3期, 西藏社會科學院, 1988.

才讓太, 「試論本教研究中的介個問題」, 『中國藏學』, 第3期, 中國藏學出版社, 1988.

焦治平, 「論藏族的喪葬風俗」, 『康定民族師範高等專科學校學報』, 第12券 3期, 2003.

▶ 영문 자료

Alexandra David-Neel, *Mein langer Weg in die verbotene Stadt - Briefe aus Tibet*, Edition Erdmann, 2018.

David Macdonald, *Twenty years in Tibet*, Philadelphia J. B. Lippincott Company, 1932.

Huc, Evariste Regis, *Life and Travel in Tartary, Thibet, and China*, General Books, 2010.

천장天葬

티베트의 죽음 의례

초판 발행 2025년 10월 2일

지 은 이 심혁주
펴 낸 이 김성배
펴 낸 곳 도서출판 씨아이알

책임편집 신은미
디 자 인 윤현경 엄해정
제작책임 김문갑

등록번호 제2-3285호
등 록 일 2001년 3월 19일
주   소 (04626) 서울특별시 중구 필동로 8길 43(예장동 1-151)
전화번호 02-2275-8603(대표)
팩스번호 02-2265-9394
홈페이지 www.circom.co.kr

I S B N 979-11-6856-310-0 93380